わらべうたと子どもの育ち

木村はるみ
[著]

エイデル研究所

もくじ

1 なぜ、わらべうたなのか　4

2 わらべうたの特徴　10

3 乳児期の発達とわらべうた（0歳〜3歳半位）　20

4 幼児期以降の発達とわらべうた　40

5 保育実践の計画づくり　52

6 わらべうた実践　Q＆A　72

7 わらべうたの楽譜を読むための基礎知識　82

8 楽譜とあそび方　102

　種類別　わらべうた一覧　270
　50音順　わらべうた一覧　274
　季節・行事別　わらべうたの例　277

参考文献　278
あとがき　279

1 なぜ、わらべうたなのか

　私がわらべうたと出会ってから、40 数年が経とうとしています。それだけ歳月を経たにもかかわらず、今もなお、わらべうたに魅かれているのは、楽しく、知れば知るほど新たな視点とその奥深さを感じ続けているからです。

● わらべうたとの出会い

　私がわらべうたを勉強するようになったきっかけは、ある幼稚園でわらべうたについての講演を聞き「誰もが音楽を楽しめるようになるための音楽の基礎作りを、わらべうたから始める」というコダーイ・ゾルターンの理念を紹介されたことばが心に残ったからです。その後、その幼稚園の先生方がわらべうたの勉強会に参加するのを知り、同行させてもらったことから、わらべうたのあそびとうたを知ることになっていきました。

　緊張しながら参加した勉強会では、全て知らないうたにも関わらず、何となくついて歌えるものばかりでした。また、あそびの中での相手の表情、声、ふれあいから醸し出される雰囲気は、この場に受け入れてもらっているという親しみと安心を感じさせてくれるものでした。これは参加者一人ひとりがリラックスして楽しそうに遊んでいたからなのではないでしょうか。このような経験から、しばらく勉強会への参加を続けて、うたとあそびを覚えてみようと思ったのです。

　しかし、その頃は資料が全くなく、次回に確認しようと思っても違うあそびばかり…という状況。そこで、ことばの一部と曲の出だしをメモして覚えることから始めました。この時に覚えた曲は、若さも手伝っていたからか、忘れることがないのが不思議です。

● 子どもとわらべうたで遊んでみると…

　その頃、私は電子オルガンの講師として、子どもと接していました。そして、自分が習ったのと同じように、楽譜を読んで鍵盤を打ち、音にする方法を教えながら、これだけでは音楽にはならないと感じていました。そこでいくつかのわらべうたを覚えた後、電子オルガンを教えていた子どもたちとオルガンを弾く前にわらべうたであそぶ機会を作ってみました。すると、子どもたちの表情が和らぎ、すぐに口ずさみ…と反応が良く、音楽への関

心が自然に芽生えるのを感じられたのです。と同時に、自分が幼かったときのピアノレッスンで「歌いなさい！」と何度も言われたことを思い出しました。これが実際に子どもたちとわらべうたを遊んだ初めての経験でした。

　その後、友人たちと我が家で週1回行っていた「子ども文庫」でも、隣の空き地を使わせてもらってわらべうたを行うようになりました。この時間を楽しみに参加する子どもが増え、子どもたち自身が仲間と一緒に歌ったり遊んだりすることを楽しみ、それを機会に友だち関係が拡がっていることが伝わってきました。私も、遊ぶ子ども一人ひとりの個性や関係性が見えてきて、わらべうたが持つ新たな側面を感じるようになっていきました。それはわらべうたの面白さをより感じる一要因として私の中に加わったのです。

　このような中で、「わらべうたかるた」の絵を描くことや、子ども文庫で行っていた素話（おはなしを覚えて語る方法）を保育園の幼児クラスでしてほしいとの依頼から、保育園にも関わるようになりました。そして実際に保育園に出向き、子どもにおはなしを語ったり、保育観察をしたりする機会を持つことが増えていきました。保育者を対象とした研修も行うようになりましたが、私自身は保育者ではなく、保育経験もありませんでしたから、子どもの発達や心理、あそびに関してなどの必要なことは本や講演会、そして何より現場の子どもたちから多くを学ぶことになっていったのです。

● うたとあそびの力

　暫くして保護者、養育者向けの「子育て支援」の場が日本各地で開設されるようになり、そのような場に出向いてわらべうたをすることが多くなりました。そうした場のほとんどは始める時間になってもざわざわしていました。

　そんな時、こもりうたを歌い始めるとそれまでざわついていたその場の空気がスーッと静かになりました。あそびを行うと、うたに合わせて同じようなしぐさをあちらこちらで真似る子どもの姿が見られるなど、わらべうたのもつ「うたとあそびの力」を改めて感じる機会が増えていきました。

　私のそれまでのわらべうた経験は、幼児期〜学童期の子どもたちとの関わりがほとんど

1　なぜ、わらべうたなのか　　5

で、乳児期の子どもたちにわらべうたを行う機会はわずかでした。乳児にはあまり関心を持っていなかった私でしたが、乳児期の子どもの面白さ、楽しさを感じるようになっていったのは、このような「子育て支援」や「乳児クラス」で、乳児に触れる機会をいただき、子どもの発達状況とわらべうたに対する反応を直接見るようになった経験からでした。

　保育園の乳児クラスにもたびたび入るようになり、わらべうたを1対1で行うと子どもは「うっ　うっ」と手を出したり、体を動かしたりして「もういちど」と要求する表情を見せてくれます。そして、相手にしている子どもだけでなく、まわりにもうたを聞いて楽しんでいるような「落ち着いた空気」が流れるのが感じられます。1歳を過ぎれば「もういっかい」と指を立てて要求してくることもありますし、満足すれば違うあそびに自然と移っていきます。その笑顔と、満足した様子は何とも言えない嬉しさと満足感を大人にも与えてくれます。そして、次第にうたの終わりを唱和する姿も見られるようになってきます。つくづく「人間は真似て育つ生き物」だと感じる一瞬です。

　こうした経験から、大人が子どもに面と向かって関わることの必要性を強く感じています。忙しい生活の中で、私たちの祖先たちが生み出し、伝えてきた知恵と文化の1つが、わらべうたなのだろうと思います。

● 子どもの本当の姿が見える

　幼児クラスや学童では、集団のわらべうたあそびが中心になります。集団の中では、自分を見て欲しいとアピールすることで他と違う動きをする子、褒められるときちんとできる子、他人への配慮ができる子、友だちにやさしくできる子、自分がやりたいことへまっしぐらに進む子など…さまざまな子どもがいます。子ども自身があそびの中で一人ひとりの違いを感じるからこそ、ある時にはぶつかり合い、またある時には協力しながら、仲間として成長する姿をたくさん見せてくれるのでしょう。大人にとっても、子ども一人ひとりの情緒や発達の様子、仲間関係が見えやすい時間とも言えます。きっと子どもたちがわらべうたを行っている時には「素の自分」を出しやすいからなのでしょう。

　わらべうたを乳児期から学童までの子どもたちと行う機会を多く持つ中で、子どもたち一人ひとりとの関わり方も学んできました。そして人と人とが関わることが、子どもにとっても大人にとっても、成長と生き様には欠かせない事柄であることをより強く確信するようになりました。

● 若い人たちへの伝承

　保育現場でのわらべうたや保育観察、指導を行うのと並行して、大学、短大、保育専門学校でも、わらべうたを若い人たちに伝えてきました。

　20年間大学でわらべうたの授業を行った中で、多くの学生たちから、わらべうたの授業が、学部の違う人とも挨拶をしたり、おしゃべりをしたりと、お互いの関係を結ぶのに役立った、ということを度々、耳にしてきました。このことは、人と人とが直接に声を聴き合い、触れ合うことが、大人にとってもお互いのことを感じ、学び合う機会となっていることを認識させてくれました。そして、たまたま卒業後に会う機会を得た教え子たちから「自分の子育てにわらべうたを想い出しながら歌っている」「わらべうたの本を大切に持って保育の中で使っている」ということを聞くと、とてもうれしく思います。生活の中でわらべうたが今も活き続けて、伝承されていること、その意味があることを感じ、多少でもそれを次世代に渡しえたことはうれしい限りです。

● 子どもたちを取り巻く環境の変化

　このようにさまざまな人たち——子どもたち、大人たちとも——と関わり続けて来たのですが、ここ何年かで人と人との関わり方に大きな変化がもたらされてきていると感じるようになりました。乳児であれば這い這いの時期をとっくに過ぎているのに、泣くばかりで自分から動こうとしない、幼児であれば立っていられない、しゃがむ姿勢が取れないなど運動機能の発達が順調とはいえないケース、また、仲間関係がなかなか結べず、自分の要求をことばにできない、ことばの発達が幼いケースが目立つように思います。このことは、大人になっても、コミュニケーションにおける様々な問題（感情をぶつける、自己主張だけする等）となって続いているように思います。

　こうした問題には、さまざまな要因があると思いますが、大人と子ども、子どもと子どもが直接関わる時間が少なくなったことが大きな理由の1つだと思います。そして、それを引き起こしているのは、関係をもつ機会が少なくなっていることや、便利グッズや電子機器などの普及も関係しているように思えてなりません。

　発達に比して早い時期から、椅子に座る器具を長時間利用させられたり、自動で揺られてあやされる器具にお守りされる子どもがいます。電車の中などでも、直接会話するのではなく、子どもにスマホを渡して時間を過ごさせるなどの親子の姿を度々見かけます。中には、子どもを直接叱るのでなく、スマホを通して叱る親がいます。また、家でも長時間、ゲームやメディアによって過ごすことで、乳幼児の生活リズムの崩れなどが見られます。

2018年には世界保健機構（WHO）が、世界中の現状から「ゲーム依存は疾病」と認定しました。「便利なことは良いことだ」とは言っていられない悪影響が大人にも子どもにも起きてきています。子どもが幼い時から電子機器に触れれば触れるほど、その影響を大きく受けると言われています。そして残念ながら、既にその影響が子どもに見られるようになっていると思います。運動発達においても、言語発達においても、コミュニケーション能力、ルール感においても、です。

　友だちと関わって遊ぶ中で、多様な感情や関わり方、コントロールの方法を経験して学んでいくことが成長の過程でとても大切です。そしてその方法の1つとして「わらべうた」はとてもよいと実感しています。わらべうたは、人と人とが向かい合い、直接に働きかける、またルールを守ることによって成立します。そして何より、子どもと大人が喜び、楽しめるからこそ伝承され続けてきたのではないでしょうか。

● 知恵と文化を次世代へ

　人類が何十万年という長い時間をかけて獲得してきたものを、短い期間に獲得していくのが乳幼児期だと言われています。人が歩行し、周りを知り、仲間の集団で育ち、生き方を学んでいった歴史でもあります。人が関わらずに「自分だけで」学び生きることはできません。人と人の間に生きる「人間」としての経験が不可欠です。

　人が直接的に関わらなくても生活が成り立つようにみえる時代だからこそ、人と関わらずには成り立たないわらべうたを──1人、2人の特定の人が作ったうた、あそびではなく、祖先の生き様や知恵、価値観がたくさん含まれ、伝承されてきたわらべうたを、次世代に手渡していきたいと願っています。

　子どもたちは保育園で楽しんだわらべうたを家でも歌うようです。保育園と家庭の連携をよくするためにも、保育園から特に乳児を持つ家庭にわらべうたを伝えていただきたいと願っています。

　また、他人との関わり方や自分の振る舞い方が様々に体験できる「集団としてのわらべうた」…幼児期から学童期まで…も子どもたちが集まる小学校、学童保育などの場でも行い、伝えていきたいと思います。

2 わらべうたの特徴

「わらべうた」にどのようなイメージを持っていますか？

20 ～ 30 年前のある研修会で、参加者から「わらべうたは暗い」と言われたことがありました。研修後に感想を尋ねたところ、「こんなに運動量もあり、いろいろなあそびがあるとは思いませんでした。イメージが変えられました。」と言われたことが、今も印象深く残っています。多くの大人のイメージには、古びた着物を着た子どもが数人で遊んでいる時代劇のような絵が漠然とあるのかもしれません。

その頃に比べると最近では「子どものうた」に 唱歌・童謡・わらべうたが並べて取り上げられることが多くなってきました。例えば『保育所保育指針』（2017 年）には、「文化や伝統に親しむ際には、正月や節句など我が国の伝統的な行事、国歌、唱歌、わらべうたや我が国の伝統的な遊びに親しんだり、異なる文化に触れる活動に親しんだりすることを通じて、社会とのつながりの意識や国際理解の意識の芽生えなどが養われるようにすること。」とあります。

しかし、唱歌・童謡とわらべうたには明確な違いがあります。わらべうたにはどのような特徴があり、子どもの成長にとってどのような意味があるのか具体的に考えるために、まず唱歌・童謡とわらべうた、それぞれの特徴について簡単に確認しておきましょう。

子どものうた ― 唱歌・童謡・わらべうた

● 唱歌

唱歌は「主として明治初期から第二次大戦終了時まで学校教育用に作られた歌」と広辞苑にはあります。

日本における本格的な幼稚園は、1876（明治 9）年に開園した東京女子師範学校付属幼稚園で、翌年から子どもたちのための「保育唱歌」が作られていったようです。「保育唱歌」「小学唱歌」は、教育勅語によって示された「徳育・情操教育」や「国家祝日の儀式に歌ううた」を広める目的で作られていきました。それ故に唱歌集は学校教育に用いられ、子どもが一緒に歌うことによって、国民意識を育てる一端を担っていきます。

唱歌集をまとめる中心となったのは文部省音楽取調掛であった伊沢修二と明治政府によって招聘されたアメリカ人の初等音楽教育の第一人者であった、L. メーソンです。二人は西洋音楽からも積極的に収録し、外国の民謡に日本語の歌詞をつけた「蝶々」や「蛍の光」などの曲を多く取り入れました。その後も政府主導の下に文部省唱歌として作品が作られ、学校教育の中に取り入れられていきます。1910（明治43）年には「尋常小学読本唱歌」が文部省主体の編集で作られ、実質的な国定教科書として用いられるようになったようです。そして、唱歌は時代時代によって歌詞が変えられたり、削除されたりの変遷を辿ります。うたを一緒に歌う一体感を経験することによって、懐かしさと同時に、背景にあった意図を知らず知らずのうちに取り込む危うさも内在していたようです。

● 童謡

　童謡と言う時、子どものうた全般を思い浮かべることが多いように思いますが、ここでは「童謡」を、「唱歌」「わらべうた」との違いとして狭義の意味で取り上げます。童謡は、大正期におこった童謡運動によって「子どものための芸術的な創作歌曲」として、それまでの「唱歌」「わらべうた」とは異なるジャンルとして位置づけられました。

　この運動は1918（大正7）年に児童向け雑誌『赤い鳥』を創刊した鈴木三重吉や、北原白秋らが中心を担ったもので、そこには当時の「文部省唱歌」への批判があったようです。特に北原白秋は明治政府によって日本の伝統を切り捨てて取り入れられた西洋音楽や唱歌の歌詞に不満を抱いていました。彼らの目的には子どもの素直な情緒や自然、生活を芸術作品として作詞、作曲するというものがありました。初めは文学童謡として曲が付いておらず、子どもが自然に歌い出すことを目的としていた時期もあったようです。しかし、作曲家たちとの運動の広がりや歌うことによる共感、定着などを取り入れようと、徐々に曲がつけられ、歌われるようになっていきました。

　童謡の歌詞内容にもさまざまな変化があり、初めの「子どもの素直な情緒や自然、生活を芸術作品として作詞、作曲する」とは違ってきた部分もあったようです。童謡は戦後も子どものうたとしてさまざまな作詞家、作曲家によって作られ、歌われてきました。そし

て時代と共にラジオやレコードの普及により広まっていきました。

　現在では、ここまで述べてきた狭義の童謡の意味を超えて、テレビやメディアの普及と共に「アニメーションソング」や「コマーシャルソング」をも含めて童謡（子どもが歌ううた）と大雑把に捉える場合もあるようです。

　「唱歌」と「童謡」の目的はそれぞれに違っていたようですが、基本的にはあそびが付かない子ども（主に児童）のために大人が作詞、作曲したうたと言えます。

● わらべうた

　古くは「童のうた」として、さまざまな捉え方の変遷があったようですが、近代では子どもによって歌い継がれてきたうたを「わらべうた」と呼ぶように定着していきます。このことから考えると、大人が意図して作曲した「唱歌」「童謡」とは成り立ちが異なります。わらべうたは「自然発生的に子育ての中で歌われ、また子どもたち同士で歌って遊んで伝承してきたうた」と言えるでしょう。

口承による特徴

　日本全国に残るわらべうたには、いくつかの特徴を見出すことができます。子どもたちが歌って伝承してきたわらべうたにはどの様な特徴（共通点・相違点）があるのか見ていきましょう。

● 作者を限定できない

　口承であることから、作詞者、作曲者を限定することはできません。

● 地域、時代によって変化する

　聞き覚えで伝えられてきた（口承）わらべうたは、各地のことばやイントネーションと深く結びついています。ですから地域によってことばやメロディ（旋律）の違いが見られます。

　イントネーションの違いが表われているうたの［例］を挙げてみます。

♪**なべなべ そこぬけ**（東京・大阪・近江八幡）

◎東京

◎大阪

◎近江八幡

♪ **くまさんくまさん**（宮城・八王子）

◎宮城

◎八王子

　子どもたちが遊ぶうちにメロディが普段使っていることばのイントネーションに近く変化し、その地域で歌い易く変わってきたことが上の〔例〕でわかります。日本語は強弱のアクセントではなく、上下に動く高低アクセントによって違いを表すことばなので、それに従ってメロディが変化しているのです。

　同じことばでも関東と関西ではイントネーションが反対になるものも多く、当然、うたのメロディも関東と関西では音の高低が反対になってくるのです。自分たちが普段使っていることばを中心に歌われてきたのがわらべうただということが分かります。

〔例〕イントネーションの違い

はし…橋・箸・端

かき…柿・下記・夏季・垣・牡蠣など

　また、地域の文化や生活も反映され、変化し続けています。次に挙げるうたは地域による文化の差、時代による文化の差を反映して変化してきた例と言えるでしょう。

〔例〕ことばの違い

♪うちのちょんなべさんは

　（栃木）〜売ったお金で子どもがじゃんけんぽん

　（長野）〜売ったお金でおそばを買いましょ　買いましょ

　　　　　　買ったおそばをみんなで　つるつるつる

〔例〕時代による変化

♪おてらのおしょうさんが

　①花が咲いてじゃんけんぽん！

　②花が咲いて枯れちゃって　忍法使って空飛んで　ぐるりと回ってじゃんけんぽん！

　　（30 数年前からの変化）

　③ぐるりと回って落ちちゃって　救急車で運ばれて…

　　（数年前に関西で小学生が歌っていたもの）

　以上の例からも、わらべうたにはメロディやことばが異なるものが多く存在することが確認できます。生活や地域の特性、また時代によって変化していることも分かります。ですからわらべうたを耳にした時に、これは正しくて、これは間違いということを簡単に言うことはできません。

● 庶民の暮らしを反映している

わらべうたの歌詞には、権力を持たない一般庶民の暮らしから生まれ、受け継がれてきた生活習慣や知恵、歴史的な出来事、価値観、世界観、自然観などが含まれていることばを見出すことができます。

〔例〕
♪ 12 ここはてっくび

小指のことを「お酒わかしのかんたろうさん」と表現しているのは、お酒のお燗をする時に小指を入れて熱さを確かめたことから（柳田國男説）。（ミミズのことをかんたろうと呼ぶ地域があるとか。小指をミミズにみたてたのでしょうか？）

♪ 91 ずいずいずっころばし

お茶壺道中の様子が歌われていると言われます。

現在は特別なことが起こらなければ深刻に考えなくなったねずみ被害、米の収穫高、季節ごとの山の恵みなどを、祖先たちは日常的に意識して生きていかざるを得ませんでした。そのような生活感や自然観なども歌詞には含まれています。私たちが忘れがちだった気候変動などは現在改めて大きな問題となってきています。私たちも自然への関心、敬う心を意識していきたいものです。

〔例〕
♪ 21 ねずみねずみ
♪ 76 こめこめこっちへこう
♪ 93 ぜんまいわらび　　など

わらべうたの種類

　わらべうたは、口承されてきた子どものうたです。数多くのわらべうたが残されていますが、本書では、子育てや保育の視点から、次のような分類で曲を選びました。

・「聞かせうた」

　子育ての中で大人が歌い聞かせてきたうた。また、保育の中で大人が子どもに歌って聞かせたいうた。

・「あそばせうた」

　子どもに関わって大人が遊ばせ、成長の刺激を与えてきたうた。

・「あそびうた」

　子ども同士で歌って遊んできたうた。

聞かせうた

　聞かせうたは、大人が子どもを寝かせる時に歌ったこもりうた、起きている時に歌って聞かせたうたなどを呼びます。基本的には大人、年嵩の子どもが歌ってきたうたです。寝かせる時に歌うだけでなく、あそびの中や散歩で、また季節や天候によっても大人が口ずさみたい時にいつでも歌い、うたを通して醸し出す雰囲気を子どもたちと共有することができます。

　今の保育園などでは、乳幼児に大人が歌って聞かせるのに適したうたという捉え方から、「あそびうた」の中からも選んで、うたって聞かせることがありますので、本書ではそのような選び方もできるように考えて選曲しています。また、幼児のわらべうたの実践の終わりに大人が歌い、子どもと音楽を共に楽しむ短い時間を持つことも良いでしょう。

あそばせうた

　あそばせうたは、大人が子どもの成長に合わせて軽い刺激となるあそびを添えて歌ってきたうたです。あやすうた、体の部位を触るためのうた、体全体を揺らすあそびがついたうた、見せるためのうたなどがありますが、あそびの多くに共通なのは1対1で行うあそびがついていることです。そして体に触れる、目を合わせるなど、子ども一人ひとりとの

関係を作らずしては成り立たないことも特徴の一つと言えるでしょう。

　初めは大人が歌い遊んでいきますが、2歳近くなると体の発達やことばの発達と共に好きなうたを要求したり語尾を唱和する姿が見られるようになります。自ら遊べるようになると、大人が歌ううたに合わせて子どもが歌える箇所も増えていくでしょう。

● あそびうた

　あそびうたとは、子ども自身が歌い遊ぶうたです。集団で遊ぶうたも多くなります。本来は異年齢集団で歌い遊ぶことで伝承してきたうたですが、現在では自然な人間関係や空間の中でうたとあそびが伝わる環境がなくなってしまいました。そこで、幼児以降のあそびとして大人が伝える役割の多くを担っています。あそびの種類、遊び方は多く、あそびの集団に合ったあそびを選ぶことでさまざまな発達を促す機会にもなるでしょう。またルールを守らなければあそびが成り立たないものが多いので、ルールを守り友だちを受け入れる経験を積み重ねることで、社会性の発達を支えることにもつながります。

わらべうたのメロディ

　わらべうたには、メロディの決まっているものと、メロディが決まっていないことばとリズムでできている唱えがあります。メロディがあっても、ことばのイントネーションが中心で、音の数が少なく、うたも短いという特徴があります。同じことばを繰り返し聴くことにもなり子どもは覚えやすく、歌いやすいのです。一方で、大人にとっては、同じようなメロディに聴こえ、曲の違いがわかりにくいという感想を持つのもこの理由からと言えるでしょう。

　あそびうたのほとんどは日本語のイントネーションから半音（ミ〜ファ／シ〜ド）の無い音で構成されています。

　今のように、電話や電子メールがなかった時代、子どもたちは友だちの家に行って大声で友だちを誘いました。そんな時に言ったのが、節が付いた「〜ちゃん、あそぼ」（レドレ　ラ，ドレ）。かくれんぼで「もう、いいかい」「まあだだよ」は（ドミレ　ド〜ミミレ）でした。

　子どもが生活の中で自然に節をつけて使っていたことば、わらべうたの音を並べてみると5音（ラ,ドレミソ）の中に納まります。これを5音音階（ペンタトニック）と呼びます。これは日本語の特徴によるもので、関東と関西でイントネーションが変わっても、使われ

18

ている音は同じですし、リズムも共通しています。

　幼児期には、そのメロディを口ずさみ、仲間と繰り返し動いて歌うことによって「聴くこと」「歌うこと」の基礎がつくられていきます。

　また、あそびとしてのわらべうたは肉声以外に楽器が加えられることはありません。楽器が不要なので、場所と相手があればいつでもどこでも歌い、遊ぶことができます。感情、雰囲気を直接、肉声にのせて歌い、お互いの声を聴き合う第一歩です。

　わらべうたは母語―私たちにとっては日本語の各地に共通する「リズム」とそれぞれの「土地ことばのイントネーション」が活かされたうたなのです。

　「わらべうた」は大人が幼い子どもたちに向き合って歌い遊ぶ中で、また幼児期、学童期の子どもたちが一緒に歌い遊ぶ中で、「楽しい」「役に立つ」と感じることがあったからこそ、口伝えで広まり、遊び、歌い継がれてきたと言えるでしょう。

2 わらべうたの特徴　　**19**

3 乳児期の発達とわらべうた
（0歳〜3歳半位）

　子どもと向き合ってわらべうたを行うと、実際の子どもの反応を見て、「わらべうたが伝承されてきた理由」をしばしば実感します。成長段階に合ったわらべうたがたくさん残されているということは、子育ての知恵が伝承されてきたことでもあります。

　子どもの成長発達の早さは一人ひとり異なります。特に乳児期に顕著です。保育園の0歳児クラスに入ると一人ひとりの発達の大きな差を感じることがあります。なぜなら、4月生まれから翌年の3月生まれまで、1年近く生まれた時期の違う子どもたちが共に生活しているからです。このことも踏まえ、個人差にも配慮して個別に丁寧に関わることが、特に乳児期には大切です。

　当然、大人の関わり方のみならず、わらべうた、おもちゃ、空間の作り方など、発達段階に応じて大人の仕事の仕方は変わっていきます。

　ここではそれぞれの発達の特徴とその時期に適したあそばせうた、聞かせうたをどのように選び、歌い、働きかけたらよいのかなどを紹介していきます。大まかな月齢、年齢が記載されていますが、子どもの発達の様子を見て参考にしてください。

（♪マークで記されたわらべうたの楽譜と遊び方は「8 楽譜とあそび方」に掲載）

寝ているだけの時期（0〜3ヶ月位）

● 目を合わせて口で音を出してコミュニケーション

　生後半年位は自ら移動することができずに寝ているだけですが、目を合わせて働きかけると反応を返してきます。

　この時期に誰にでもできる関わり方の1つは、子どもの目を見て自分の口唇で音を出してあやすことです（唇の上下を合わせて震わせて音を出す、唇をつけたり離したりして音を出す、舌を出したり引っ込めたり、舌を左右に動かす、舌を口蓋にぶつけて音を出すなど）。子どももそのうち舌を出したり口をもぐもぐ動かしたりして"真似よう"とするでしょう。話しかけあやすことはコミュニケーションをとると同時に子どもにとっても母語の獲得に良い刺激となっていきます。

● 日本のこもりうたをお勧めします

　子どもが生まれる前には、子どもが生まれてから使う道具や衣類などの準備をするものですが、その中に「日本のこもりうた」を加えることもお勧めします。

　生まれて初めて出会ううたが日本語独特のリズムを持ち、イントネーションに沿ったメロディで歌い継がれてきた日本のこもりうたというのは素敵だ、と私は思います。こもりうたには、身近な人が子どもを眠りに誘う時に歌ったものや守子（奉公に出されて主に子守を行っていた少女）が歌ってきたうたなどが含まれます。気に入ったこもりうたを、心を込めて歌うのが良いのです。子どもにゆったりと歌いかけると、子どもだけでなく大人自身も落ち着いてくるものです。保育者もお気に入りの2〜3曲を持つとよいですね。

　子育て支援の場で、ざわついて落ち着かない時に、こもりうたを小さな声で歌うと、場がシーンと静かになる経験を幾度となくしてきました。うたにはそんな力があることを信じて、ぜひ歌ってみてください。

　　♪ 225 ころころころころ　　　　♪ 230 ねんねんころりよ
　　♪ 226 ねんねんねこのけつ　　　♪ 231 ぼうやはよいこだ　　ほか
　　♪ 227 ねんねねむのき
　　♪ 228 ねんねんねやまの
　　♪ 229 ねんねしなされ

● 握った手を動かして見せましょう

　子ども自身の手の握り方は、まだ力が入りませんが、目の前で大人が軽く握ったげんこつを左右に動かして見せると自身の手に気付いて動かそうとする姿が見られます。少し動くようになったら、大人のげんこつを開いたり閉じたりして見せるとよいでしょう。利き手だけでなく、もう片方の手にも気づき、手を動かそうとする姿が見られるようになってきます。

　　♪ 8 だんごだんご
　　♪ 9 にんぎにんぎ

3 乳児期の発達とわらべうた　　**21**

● 軽く顔をつつきながら

　機嫌のよい時には軽く顔に触りながら歌いかけることも楽しめます。初めは短いうたから始めるとよいでしょう。♪ 2 **ここはとうちゃんにんどころ** は、「あなたも家族一人ひとりに似た家族の一員だよ」というメッセージが込められています。歌う大人にも喜びとして感じられるといいですね。

　♪ 1 **はなちゃんりんごを**
　♪ 2 **ここはとうちゃんにんどころ**

● 見て楽しむ

　2〜3ヶ月すると少し距離を取ってあやすことができるようになります。目を合わせてことばと同時に顔をゆっくりと左右に揺らしながら歌う、手を叩きながら歌うのも追視の刺激としてよいでしょう。

　♪ 48 **だるまさん（ころころ）**
　♪ 49 **しゃんしゃんしゃん**

　物の動きを追える（追視）ようになれば、子どもの目に入るところで柔らかい布を振って歌う、ビーズなどを入れたマヨネーズの空き容器で音を出しながら歌いかけるとより楽しめます。

　♪ 14 **ちっちここへ**
　♪ 49 **しゃんしゃんしゃん**

首が据わる：手を動かし始める時期（3〜4ヶ月位）

● 上下左右を見て手を動かす

　3〜4ヶ月経つと首が据わってきます。首が据わると寝ていても左右上下の方向を見ることができるようになります。また、手足も力強くつっぱったり、左右に動かしたりできるようになってきます。そうなると、少し複雑な顔あそびやあやし方にも反応するようになるでしょう。

　　♪ 3 おとげしゃくしゃく
　　♪ 50 すってんてれつく

● 体全体を前後左右に動かす

　子どもはゆっくりのテンポなら体を前後左右に揺らすことができるようになります。そこで、大人が足を伸ばして座り、膝に子どもを抱いてゆっくりとうたに合わせて前後に、左右に揺らします。まだ筋力が弱い子には、手を持つのではなく、背中に大人の手を当てて舟あそびで横に揺らすところから始めてみましょう。徐々に前後に揺らしても体がついて来るようになります。腹筋、背筋がしっかりしてきたら手を持つ握り方へと変えていくとよいでしょう。

　　♪ 25 おふねがぎっちらこ
　　♪ 26 えっちゃらこ

寝返り・這い始め：握りが強くなる時期（5ヶ月〜8ヶ月位）

● 寝返りから這い這いへ

　5〜6ヶ月頃から子どもは寝返りをし、7〜8ヶ月では這い始めの時期を迎えます。寝返りをしようとする動きを見せる時期になれば、首もしっかり据わってきます。

　寝返りをうつ時期には、目で物を追う力（追視力）もできてくるので、左から右へ（右から左へ）移動させるように物を使って追視を誘うのもよいでしょう。例えば、柔らかいボールやプラスチックの転がるもの（中にビーズなど音のでるものを入れるなど）を子ど

もの目に入るところで♪**48 だるまさん（ころころ）**でゆっくり見せて、うたが終わったら「ころ　ころ　ころ…」と一方を向くように誘う、または柔らかい布を振って歌って見せ、最後に布を空中に飛ばすなどです。

♪**14 ちっちここへ**
♪**62 くものおばさん**　ほか

腹筋、背筋を使い、寝返りができるようになるためにも、舟こぎのあそびは有効です。

♪**24 きっこーまいこー**
♪**25 おふねがぎっちらこ**　ほか

舟こぎの動きには、発達に合わせて段階があります。はじめは子どもの背を支えて前後に揺らします。子どもの首と背中がしっかりしてきたら、「引き起こし」の握り方でやってみてください。大人の両手の親指を子どもに握らせ、その手を大人の手で覆うように持って起こす方法です。

背を支えて　　　　　　　　　　引き起こしの手の握り方

● 這うのが苦手、蹴る力が弱い子どもには

　足の蹴りが弱い子どもに対しては、大人が足を伸ばして座り、その膝に同じ方向を向いて子どもも足を伸ばして座らせます。子どもの足裏に大人の手を当て、子どもの膝が曲がるように屈伸させます。蹴り返してくれば、這い這いももうすぐです。それでもなかなか這おうとする意欲のない子どもには、大人が四つ這いになり、そのお腹の下に子どもを入れて一緒に這うのも有効です。

　這う力、足の力が弱い場合には子どもを四つ這い姿勢にし、お腹の所を両手で支え、うたに合わせて上下に揺らす方法もお勧めです。

♪ 42 **あしあしあひる**
♪ 43 **かってこかってこ**
♪ 28 **うまはとしとし**

　便利グッズが増え、早い時期から椅子型の用具に支えられて"座ってきた"子どもは自分の身体で動こうとする経験が不足したまま成長してしまいます。（自分の力で座れるようになるのは9ヶ月位です。）また、高いところから見る癖がついて、床を這う姿勢を嫌がる子どもが増えています。でも、這うことによって発達する腕の支え、足で蹴って進むことなどは後々までも大切な体の使い方の基礎となるのです。

● 知ろうとする意欲を共に楽しみましょう

　這い這いを始めたら、進む意欲が起きるように刺激しましょう。好きなおもちゃを手が届く少し先に置き、大人が「こっちへおいで」と手を叩いて呼ぶなどはとても良い刺激です。ビーズ連やチェーンを使って床をくねらせ、取りたいという気持ちを起こすのも這い這いを促すのに有効な方法です。

♪ 53 かなへびこ
♪ 54 へびいたがさがさ

ビーズ連　　　　　　　チェーン

　このくらいの時期には大人の膝に抱いて座らせれば、短い時間は安定して座ることができます。後ろから手を取って指を刺激するあそびも良いでしょう。

♪ **14 ちっちここへ**（両手の人差し指の先を合わせるあそび方）
♪ **15 こどものけんかに**（指先を抑えるあそび方）　ほか

● ちょっとしたスリル
　しっかりと背筋や腹筋で体が支えられているなら、抱いた時に一瞬手を放して少し下で受け止めるという子どもにとって"スリル"のあるあそびも始められるでしょう。1歳を過ぎてからでも充分楽しめるあそびです。

♪ **27 ひにふにだ**

● お父さんの出番
　「お父さんの出番」としては、大人が仰向けに寝て足を天井の方へ上げ、足の裏で子どもの身体を支えて手を持って安定させて上下に動かすあそびです。♪ **28 うまはとしとし** に合わせて行うとよいでしょう。

　お父さんならではのたかいたかいや肩車と共に楽しんでください。

自分で座れるようになる：両手が使えるようになる時期(8ヶ月〜10ヶ月)

● 下肢を使うあそび

這い這いの後に自分で腰をひねってお尻で体を支える。これが「座る」ということです。こうなれば、もちろん "周りをクッションなどで囲む" ことも、"縛り付ける" ことも不要です。子どもはより積極的に動き始めるでしょう。それまで行ってきた "舟こぎ" や膝に座らせての上下運動もますますやってほしいあそびです。

♪ **28 うまはとしとし**

♪ **34 ごいごいごいよ** （舟こぎ）

♪ **38 ぎっこんばっこんもものき** （舟こぎ・軽く上下運動）

● 名前を呼ぶあそび

名前を呼ばれているうちに自分の名前に反応するようになってきます。意思を持って声を出すことがふえるでしょう。子どもの名前を入れて歌う、体の部位を触るなどのあそびを取り入れましょう。他の子どもが同じあそびをしてもらっていても「自分の名前」を歌ってもらう時は特別です。

♪ **5 ○○ちゃんというひとが**

♪ **71 どんどんばし（きつねが）**

♪ **231 ぼうやはよいこだ**（「ぼうや」に子どもの名を入れる）

● 両手が使えるようになる

両手を使ったあそびが可能になったら、物をつかんだり、離したりするあそび、大人と一緒に腕を動かすあそびをしてみましょう。「腕の上げ下ろし」や「手首の返し」などは1歳前後になって自分でスプーンを持って食事を始める時にも必要な動作です。

♪ **10 どどっこやがいん**　　　♪ **58 おさらにたまごに**

♪ **19 ちょちちょちあわわ**　　　♪ **60 かぜふくな**

♪ **20 こっちのたんぽ**

♪ **55 つぶやつぶや**

3　乳児期の発達とわらべうた　　**27**

つかまり立ち〜歩き始め：物の扱いを試す時期（1歳前後〜1歳3ヶ月位）

■ つかまり立ちの一瞬に…

　たくさん這ううちにつかまって立とうとする、いわゆる"つかまり立ち"の姿が見られるようになります。十分に這わずに立った子どもには、歩くようになってからも這うあそびに意識的に誘っていきましょう。

　つかまり立ちのほんの一時期、大人に手伝ってもらって立って遊びたい、という気持ちに適したあそびがあります。大人がお尻をついた姿勢で膝を立てて座り、足の間に子どもを立たせて大人の膝につかまらせます。大人は子どもの脇の下を支えてうたに合わせて左右に軽く揺すってやるあそびです。

　子どもは揺らされることで左右交互の足に力が入り、足首で体を支えようとします。1日でこのあそび方を"卒業"してしまうことも多いのですが、その後もこの歌からイメージするのか子ども自身が左右に揺れたり、物を左右に揺すって移動させたりする姿が見られます。

♪ 26 えっちゃらこ

■ 歩き始め—昔は"一升餅"を背負わせた…

　歩くためには下肢がしっかりしていることが大切です。昔は1歳の誕生日に一升餅を背負わせてお祝いしたと言います。重いものを背負ったり畑仕事をしたり、生活の中でさまざまに体を使っても大丈夫な足腰になるようにという願いがあったのでしょう。

　歩き始めたら、今までにも増して「舟こぎ」あそび、体を上下に揺するあそびが、一層楽しめる時期になります。大人が相手をするだけではなく、大きいクッションに跨って身体を揺らしてあそぶ姿も見られるようになってきます。そのような時、大人はうただけ歌って手助けするのも運動を持続させるために有効です。

♪ 25 おふねがぎっちらこ
♪ 28 うまはとしとし
♪ 34 ごいごいごいよ
♪ 38 ぎっこんばっこんもものき

また、足の指で体を支える様子が見られる時期です。

足指の刺激として♪ **18 ふくすけさん** 子どもの足指からお尻までの刺激として♪ **46 いちりにり** のあそびも大いに楽しめるようになってきます。

● 歩き始めたら

歩き始めたら、もっと歩きたい、という気持ちを引き出すために歌いかけましょう。

♪ **32 あんよはじょうず**
♪ **33 じっぽはっぽ**

ある程度の重さがあり、子どもが持ちやすいものを用意しておくとよいでしょう。子どもは首にかけたり、引いたりしながら、バランスをとって歩きます。

● ことばと行為の一致を楽しむ

皮膚刺激、発語への刺激として子どもを膝に抱いて「顔あそび」を行いましょう。

♪ **2 ここはとうちゃんにんどころ**
♪ **4 おおやぶこえて**
♪ **5 ○○ちゃんというひとが**
♪ **7 おつむてんてん**

● 腕、手首、指を使うあそび

1歳を過ぎると手を使って物をつかみ、入れ物に入れたり出したりするあそびをするようになります。スプーンを持って徐々に自分でも食べられるようになってくる時期なので、手首や指をたくさん使うあそびを楽しめるとよいですね。ハンドクリームなどのプラス

チック容器の空瓶のふたを開け閉めするのも徐々に楽しめます。

(手首の返し)

♪ **10 どどっこやがいん**

♪ **11 かれっこやいて**

(指・手のひらへの刺激)

♪ **12 ここはてっくび**

♪ **13 にほんばしこちょこちょ**

♪ **14 ちっちここへ**

♪ **16 こぞうねろ**

♪ **17 おやゆびねむれ**

(腕の刺激)

♪ **19 ちょちちょちあわわ**

♪ **21 ねずみねずみ**

♪ **22 てってのねずみ**

(物の掴み)

♪ **14 ちっちここへ** （薄い布で）

♪ **56 えんどうまめ** （ミニお手玉・チェーンなど）

歩く・跨ぐ：物の出し入れを楽しむ時期（1歳3ヶ月頃〜2歳位）

● 体全体を使ってあそぶ

　歩けるようになると、子ども自身が箱の中に出入りしたり、大人の膝だけでなく、盛んにクッションに跨ってうたに合わせ自分の足を使って上下運動をしたりと体全体を使ってあそぶ姿が見られるようになります。また、四つ這いになって少し高さのあるものを乗り越える姿も見られます。子どもによっては高いところに上りたがります。危険なく、上り下りできるあそびも考えたいものです。階段の上り下りも有効です。

　身体をたくさん使えるように見守りながらうたを添えましょう。しっかりした台の上を

歩くだけでなく、大きめのクッションのような柔らかい物も組み合わせて歩いてみましょう。柔らかい物の上を歩くには体のいろいろな部分を使ってバランスを取る必要があります。足首や体全体の使い方の練習になるので、いろいろな固さのものを組み合わせて歩くことをお勧めします。その時に歩いている子どもの名前を入れて歌うのも良いでしょう。

(歩きに)
　♪**71 どんどんばし（きつねが）**（子どもの名前を入れて）

(クッションを跨いで)
　　♪**28 うまはとしとし**
　　♪**29 じょうりげんじょ**
　　♪**30 どんぶかっか**

(腹筋・背筋の運動として)(クッションでまたは大人と舟こぎで)
　　♪**24 きっこーまいこー**
　　♪**25 おふねがぎっちらこ**
　　♪**26 えっちゃらこ**　（舟こぎ型…横揺れ、前後揺れ）
　　♪**34 ごいごいごいよ**
　　♪**38 ぎっこんばっこんもものき**

（人持ちあそび）

　♪ 39 いっしょうま にしょうま

　♪ 40 こりゃどこのじぞうさん

　♪ 41 かごかごじゅうろくもん

（ゆらしあそび）

　♪ 27 ひにふにだ

（歩行が安定した子に）

　♪ 18 ふくすけさん

　♪ 42 あしあしあひる（足のせ）

　♪ 43 かってこかってこ（足のせ）

● 物の出し入れを楽しむ時期

　この時期の子どもは目で見たところへ自分の手を伸ばす、物を順に触っていくなどができるようになってきます。腕の振り方も肩から振っていたのが、少しずつ力が抜けて肘から振る、徐々に手首から振ることができるようになってきます。お手玉などを摘まんで動かすことも可能になりますし、洗面器にお手玉やチェーンなどを入れて落とさないように振るなどの行為も見られます。

　その子どもの今の発達段階で使うことができる玩具は、できるかぎり子どもが見えるところ、手に取りやすいところに出しておきましょう。棚に置いてあるおもちゃを出していくのもあそびのひとつです。子どもが自分で目にしたものを自分で選んで遊ぶ経験になっていきます。

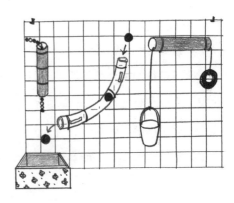

この時期の「片づけ」は大人の仕事です。子どもが転ばないように物を寄せておく、使いやすいように分類して少しだけ棚に戻しておくなど、子どもがあそびに向かえるようにします。片づけは徐々に「一緒に」行っていくとよいでしょう。片づけやすいように、混ざってしまったものを分かりやすく分類し、物とそれを入れる容器を実際に見せてことばでも伝える。自分もモデルとなるように片づけ方を見せ、子どもも行おうとしたらことばをかけて認めるなどしていきます。すると1歳半位になると片づけやすいものから自分でしまおうとするようになってきます。ただし、片づけるにはまず「満足してあそんだ充実感」があることが前提です。

（布を振る・握る）

♪ **14 ちっちここへ**

♪ **58 おさらにたまごに**（丸めて握る）

♪ **59 にぎりぱっちり**（丸めて握る）

♪ **61 うえからしたから**

（物をさまざまな形で動かす…チェーン・お手玉・つみきなど）

♪ **26 えっちゃらこ**

♪ **53 かなへびこ**

♪ **54 へびいたがさがさ**

♪ **55 つぶやつぶや**

♪ **57 いっちくたっちくたいものこ**

♪ **63 あずきちょまめちょ**

♪ **64 おせんべ**

♪ **65 しおせんべ**

（2つのものを打ち合わせる）

♪ **66 どっちんかっちん**

♪ **67 いしのなかのかじやさん**

3 乳児期の発達とわらべうた　　**33**

自分にしてもらったことを共有しようとする時期(1歳半〜3歳位)

● おんぶ・抱っこ…経験を共有する

自分が遊んでもらって楽しかったあそびを　大人に、人形に、友だちにと、今度は"自分がやる側"になって同じことを再現する姿が見られるようになります。大人が人形を持って揺らせば自分も人形を持ってきて揺らす、おんぶする（人形の手を持って負ぶるのでなぜか人形が逆さになることが多い）、寝かせるなどの姿が見られるのもこの時期です。

子どもが扱える人形や、手足の長いさる、くまのぬいぐるみなどを用意するとよいでしょう。ただし、集団で使う場合には衛生面やアレルギーへの配慮など管理に気をつけましょう。洗える（拭ける）素材の人形もあるとよいでしょう。

子どもが人形を寝かせる、世話する、おんぶするなどの再現を後押しするものとして、今までに歌ってきたものの他に、次で紹介するおんぶのあそび、頭を撫でた後に軽くたたいて終わる♪ **6 ぼうずぼうず** もお勧めです。繰り返して歌うとよいでしょう。

♪ **6 ぼうずぼうず**

♪ **225 ころころころころ** などのやさしい眠らせうた

● 腕あそび・手あそび・顔から体へ

この時期になると、かなりの刺激も受け止めることができるようになってきます。それにつれて、腕の刺激、指の刺激になる「腕あそび」や「指あそび」「頭からおへそへ」のあそびなどが楽しめるようになっていくでしょう。

♪ **4 おおやぶこえて**

♪ **5 ○○ちゃんというひとが**

♪ **12 ここはてっくび**

♪ **17 おやゆびねむれ**

♪ **21 ねずみねずみ**

運動能力が伸び、言語発達、認識が進む時期（2歳過ぎ～3歳半位）

● しがみつく経験を

　2歳を過ぎると足指の力が抜けて、足裏を使う歩行がしっかりとできるようになってきます。今までのあそびの繰り返しの他に、しがみつく経験をしてほしいと思います。子ども自身が自分の身を守るためにもおんぶを経験しておく機会を大人はぜひ作りましょう。もちろん、おんぶ紐などは使わずに子ども自身の手で大人の肩にしがみつく経験です。あそびの中でぜひしてみてください。

　♪ **34 ごいごいごいよ**（おんぶで）

● 大人の身体の負担を避ける・子どもには少し強い刺激を

　子どもが大きく重くなってきて2人3人と膝に乗ってくると大人の体力がもたなくなりますし、「人持ちあそび」も力が必要になってきます。大人の身体を守るのも大切ですから、この時期のお勧めは2人の名前が入れられる「膝のせあそび」や子どもを背中に横向きで背負う「横おんぶ」のあそびです。

　♪ **31 〇〇ちゃんと〇〇ちゃんと**
　♪ **35 ゆすってゆすって**
　♪ **36 しおやかぎや**

● 横おんぶ

　横おんぶをして怖がる場合には「その子にとって」はまだ早すぎるあそびと考えてやめておきましょう。今までに私が特別に経験したこととして「外側を向いて横おんぶしてほしい」とリクエストしてきた子どもが2人いました。2人共に、とても運動能力が高く、動くことが得意な子どもでした。

　普通の「人持ち」「舟こぎ」のあそびには、今まで行ってきたあそびの繰り返しがよいでしょう。子どもも一緒に歌い始める時期だからです。

　大人2人で手車を組んで上に子どもを乗せる、または2人の大人が子どもの脇の下と足を持って揺らすあそびもお勧めです。

♪ **37 じごくごくらく**

♪ **39 いっしょうまにしょうま**

♪ **40 こりゃどこのじぞうさん**

　もし、保護者と保育者が2人で行う場合、保護者に子どもの脇の下を持ってもらうと、保護者が自分の子どもの重さ、大きくなったことを実感できるでしょうし、子どもにとっても安心できるでしょう。子どもは足を持っている人の顔が見えるので、歌っている人の口の動きが見えます。うたを知っている人が足を持つと、子どもがうたを知っていくのにも有効です。

　その他、体の刺激としてくすぐる、お尻を叩くあそびも喜んで繰り返し要求してきます。

♪ **46 いちりにり**

♪ **47 いちめどにめど**

● **平衡感覚のあそび（練習）は危険を避けて…**

　1人でぐるぐる回る子どももいます。バランスを取るあそびでもあるので、周りにぶつかって危険でないか気をつけてください。こんな時に歌うと、うたの終わりに止まる瞬間ができるので危険も回避しやすいでしょう。

♪ **44 どうどうめぐり**

♪ **45 でんでんまわり**

　両足跳びも盛んにする時期です。固いコンクリートの上で跳ぶのはとても危険なので行わないように気をつけましょう。土の上で、または低いコンテナ箱2つの間に丈夫な板を渡してその上で跳ぶことも楽しいです。

♪ **69 すずめちゅうちく**

♪ **70 きりすちょん**

● 会話を楽しむためにも…

　大人との会話だけでなく、友だち同士の会話も楽しめるようになってきます。この時期に"よだれが止まらない""発音がはっきりしない"などの子どもを見かけることがあります。このような子どもの多くは「口唇の弱さ」が原因となっているようです。大人が話す場合、口元が見えるようにはっきりと話すのはもちろんのこと、口唇を使うあそびや返事を必要とするあそびを行うのも良いでしょう。力を入れて思い切り吹くあそびや力を抜いて吹くあそびも有効です。春から夏にかけてはたんぽぽの綿毛を飛ばす、他の季節には、小さな毛糸玉をフッと吹いて飛ばすことなどができます。

♪68 たんぽぽたんぽぽ

　また、この頃になると皮膚刺激もより刺激の強いあそびを楽しめるようになりますし、より強い皮膚刺激と「返事」を必要とするあそびとしては、次のあそびがよいでしょう。子どもが嫌がる場合には少し時期が早いと考え、違う腕あそびを選びましょう。

♪23 にゅうめんそうめん

　刺激を嫌がる子には、例えば♪**21 ねずみねずみ** と♪**23 にゅうめんそうめん** とどっちが良いか選ばせると自分で選んで答える練習にもなります。思い切り刺激をしても「いたい！」と言いながら楽しめるようになっていくのが3歳前後にかけての時期です。

● あてっこのあそび

　知恵や観察力がついて来るようになると「あてっこ」が楽しめます。手の中にミニお手玉、どんぐり、チェーン、他のどれかを入れて、どちらの手に入っているかを当てるあそびです。2歳過ぎると「どっちだろう？」と予測すること観察することが始まるので、「あてっこあそび」をより楽しめます。

　1歳の時期に、開いた両手の一方にお手玉を乗せて見せ、次に両手を合わせて左右どちらかのげんこつにお手玉が入るようにしてから2つのげんこつをみせて「どっちに入っている？」と聞くと、子どもは初め見た時にお手玉が乗っていた方に「入ってる」と答えます。短期記憶が発達してきているからです。今見た方に入っているはずだと思う1歳児との違いが2歳児では見られるようになります。

3 乳児期の発達とわらべうた　**37**

● 気分転換に効く　おまじない

　周りに関心が出てきて、いろいろなことが楽しめるようになってきたのに比して、ことばで感情をコントロールしきれないというアンバランスさをみせるのが２歳から３歳過ぎの時期です。何かちょっとしたところにぶつけると泣く、大して痛くないのに泣いて立ち直れないなど、なかなか自分では感情を収めきれないことがあります。そんな時に効くのが「おまじない」です。

　　♪ **51 いたいのいたいの**

　　♪ **52 あいにさらさら**

友だち関係ができ、少人数で遊べるようになる時期（2歳過ぎ〜3歳半位）

● 他人と一緒に遊び、ルールを知っていく

　３歳を過ぎたころから３歳半位の時期に、仲の良い友だち２〜３人と一緒に遊べるようになってくると、少人数の集団で、わらべうたもあそべるようになってきます。一緒に列になって歩く（前の人について歩く）、鬼になって円の中に留まる、鬼を交代するなどを、緩やかなルールの中で遊び、経験できるとよいでしょう。数人で行えて、ルールが完全に守られなくても成立するあそびならば、見守りながら続けてみましょう。徐々にあそびが理解できるようになり、ルールが分かり、守れるようになる見通しを大人が考え、ことば掛けを工夫して助けていきましょう。「一緒に遊ぶのが楽しい」という経験を目指して、大人は様子を見、次の段階への要求を出していくことが大切だと思います。

（少人数で連なって歩く）

　　♪ **71 どんどんばし（きつねが）**

　　　…子どもの名前を順に入れるのもよい

　　♪ **72 しみたかほい**

（役の練習に）

　　♪ **73 もぐらどんの**

（一緒に遊ぶ経験として）

　　…ぶつからないように気をつけて、それぞれがしぐさあそびとして行う

♪ **69 すずめちゅうちく**

♪ **78 ちょうちょかんこ**

4 幼児期以降の発達とわらべうた

　最近では、幼児期の子どもたちのほとんどが保育園、幼稚園、こども園などの集団で生活するようになってきました。初めて集団生活に入る子どもも、乳児クラスから移行してきた子どもも、今までとは違う大きな集団で生活し、一緒に行動することが増えてきます。

　子どもたちは日常的に生活環境の変化（引っ越し、お母さんの妊娠、途中入園など様々な理由での友だち関係の変化）や健康や情緒の変化などのさまざまな違いを抱えて集まっています。そして子どもたちは自分を取り巻く環境の変化や状況に対応する力はまだまだ弱い年齢です。それは幼児期だけでなく小学校に入った子どもにも言えることです。

　一人ひとりの子どもを支えていくためには、大人が子どもの発達順序を知らなくてはなりません。そのうえで一人ひとりの子どもがどのような発達段階、生活状況にあるかを押さえ、計画や援助に活かしていくことが必要です。運動発達、言語発達、ルール感、対人関係などの基本的な発達は幼児期に育ち、学童期になると抽象的な思考が育つ段階に入ると言われてきました。これらは友だち関係の中で、一緒に動いたり、会話したり、友だちを受け入れたり我慢したり、ぶつかり合ったり、お互いに配慮したり…という経験の中で育まれていくのです。

　現在の子どもたちは、子どもたち同士が面と向かい合って遊ぶことや生活の中で体を動かすことが減ってきています。そのような理由もあってか、幼児期までに育つと言われてきた基本的な発達の獲得が遅くなっている子どもが目につくようになってきています。だからこそ、大人はより細かく一人ひとりの状況を見て的確な助けができるようでありたいと思います。

　大人の側からみると、わらべうたの中で子どもが見せる表情、態度などは一人ひとりの運動能力の段階、ルール感、子ども同士の関係、感情、聞く力、歌う力などを知る良い手がかりになると思います。「できないで困る」と終わらせるのではなく、なぜできないのか（難しすぎる・易しすぎて飽きている・自分を認めて欲しい・じっと立っている筋力が弱いなど…）の理由を探り、生活全体の中で助けることでわらべうたもより楽しく遊べるようになっていくと思います。

　それぞれの能力も得手不得手も個人差があります。「あそびうた」の表面的な形だけを捉えるのではなく、一人ひとりの発達を全体的にとらえていくと、具体的に助けること（待

つこと、ことばかけ、他の場で練習していくべき内容など…）が見えてくるでしょう。具体的なことばで伝えること、できていることを褒めることも子どもを支えていくことに繋がります。

　幼児、学童のわらべうたは集団のあそびなので、各能力の発達に必要な練習をあそびの中で繰り返し行うことにもなります。

　また、幼児期を過ぎて小学生になったからと言って、幼児期よりあそびが上手くできるわけではありません。積み重ねがない学童の場合は年中児、年長児の簡単なあそびから始めるのが良いと思います。易しいあそびだからつまらないということはありません。しかし、年齢の特徴としては、勝ち負けのあるあそびや複雑な動きのあるあそびなどが適しているといえるでしょう。より複雑なルールのあるあそび、広い空間を認識しないとできないあそび、体や道具を使った技術を競うあそびなどは、学童の中高学年になって楽しめるようになっていくあそびです。その後は具体的な遊び抜きのことばや音を楽しむあそびへと移行し、音楽の世界、ことばの世界、運動の世界、科学的、社会的な課題へと関心も内容も分化していきます。

年齢別の平均的発達とわらべうた

　子どもの発達を助けて行かれるように、年齢別の平均的発達とわらべうたを行う時のヒントを述べたいと思います。あくまでもヒントであり、目の前にいる子どもの集団に合わせてわらべうたを選ぶためには、大人一人ひとりが観察眼を持ち、工夫し、子どもと良い関係を作っていくことが欠かせません。良いお仕事へのヒントになればと願います。

　発達は一人ひとり速度が違うこと、発達の違いはあっても段階をとばすことはありません。一人ひとりの子どもの状況を把握して援助していきましょう。

● 年少児クラス（3歳〜4歳11ヶ月位）

運動発達		
粗大運動	微細運動	大人の配慮・働きかけ
・粗大運動による神経の発達が進む ・しっかりと歩けるようになる ・ボールを蹴ってもバランスを保つ ・目と足の協応運動が進む ・空間認知の範囲はまだ狭い ・合図を出されて2〜3歩進んで止まる	・目と手の協応運動が進む ・手首を使って円や線が描けるようになる	・体全体を使うあそびを行う ・円に沿って歩くのは無理な子もいるので、様子を見ていく ・走るときには同じ方向に走るよう指示を出す ・手先を使うあそび、はさみ、糊、粘土などをあそびの中で意識して出し、感覚を直接に使うように働きかける ・わらべうたの簡単な手あそびを取り入れる
言語発達		
理解言語	表出言語	大人の配慮・働きかけ
・お話を喜んで聞くようになる ・集合名詞を理解する	・接続語を使って話をしようとする	・具体的に話しかける ・褒める時、叱る時には短く具体的なことばで伝える ・具体的な質問をする ・空間に関することばも意識的に使う
対人関係・ルール感・認識・情緒		
・仲の良い友達ができる ・大人との結びつきによって、情緒が安定してくる ・ルールに対しては個人差が見られる ・3までの認識ができる ・前後横の認識ができる	大人の配慮・働きかけ ・一人ひとりの状況を把握して配慮する ・大人自身がルールを持って、子どもに同じように接する ・子どもたちが対等な関係を作れるように援助していく	

まずは、集団あそびの形をしていても行動は一人ひとりで行うあそびから入るとよいでしょう。比較的、初めての子どもたちでも遊びやすい例を紹介してみます。

・しぐさあそび

　♪ 69 すずめちゅうちく・♪ 78 ちょうちょかんこ など。お互いがぶつからないように気をつけ、一人ひとりで跳ぶ、羽のように手を動かして歩くなどのしぐさあそびから入ります。

　次には、円になって行うしぐさあそびに移行します。**♪ 67 いしのなかのかじやさん・♪ 74 めんめんたまぐら** などを行います。お互いに顔や様子が見られるのも良い刺激になります。大人は一人ひとりの立ち姿勢や手の動きを観察して助けていくことが可能です。

・連なり歩き

　♪ 71 どんどんばし（きつねが）・♪ 72 しみたかほい など。前の人について歩くには、目と体全体の協応運動と空間を認知する力が必要です。

・役交代あそび

　♪ 78 ちょうちょかんこ・♪ 69 すずめちゅうちく・♪ 92 ずくぼんじょ など。しぐさあそびで慣れたあそびを役交代として行うと良いでしょう。役を担う練習です。その他の役交代のあそびも取り上げていきますが、単純に役を交代する形のあそびから選ぶとよいでしょう。役（鬼）になってもまだ円に沿って歩くのが難しい空間認知段階の子どももいます。一人ひとりの発達段階を見て良いことばかけを行いましょう。鬼は１回ごとに交代するというルールも伝えていきます。

・鬼きめ

　♪ 81 どのこがよいこ・♪ 82 いものにたの など。短い唱えや音の数が少ないものから紹介していきましょう。初めは大人が行い、徐々にできそうな子どもから鬼きめの役を渡していきます。微細運動の発達から考えると、学期初めはじゃんけんができない子どもがいても当然です。しぐさあそびの中で手首を使う、簡単な鬼きめで一人ひとりのげんこつを触るなどの状況を見ていきましょう。年少児は役交代の時に、仲の良い友だちと代わりたくなるのは当然です。まだ友だちの認識、仲間関係が狭いからです。徐々に多くの友だちと交代できるようになっていくことを助けましょう。

4　幼児期以降の発達とわらべうた

● 年中児クラス（4歳〜5歳11ヶ月位）

運動発達		
粗大運動	微細運動	大人の配慮・働きかけ
・平衡感覚が最も発達する時期 ・複合的なゲームや動きが可能になる ・40㎝位の高さから飛び降りられる ・空間を把握し、場所を選ぶことが可能になる	・じゃんけんができるようになる ・ボールを手のひらで操作できる ・簡単なボールの投げ取りが可能になる	・簡単な鬼ごっこやルールのあるあそびを入れる ・空間認知が拡がってくるので課題の出し方を意識する ・固いところに飛び降りないように気をつける
言語発達		
理解言語	表出言語	大人の配慮・働きかけ
・他人のことばによる行動調整が可能になる ・ことばのリズムを楽しむ ・長めの話でも順を追って聞き、理解できるようになる	・内緒話ができるようになる ・時間の流れを理解して話す ・話しことばが進歩する	・具体的に指示を出す ・時間の流れを意識して話す ・子どもの話に耳を傾ける ・全員が内緒話ができるようなら、内緒話の入ったわらべうたができる
対人関係・ルール感・認識・情緒		
・体験したことを友だちと共有してあそぶ ・善悪の判断が可能になる ・左右が徐々にわかってくる	大人の配慮・働きかけ	
	・子どもの体験を再現できるように助ける ・子どもからの話をよく聞く ・短く論理的に説明する ・語彙を増やせるように意識する	

　年中児も子ども一人ひとりの発達状況からあそびを選ぶことが基本です。初めてわらべうたを取り入れるクラスなら、年少児で紹介したようなあそびから取り入れるとよいでしょう。何人かが新しいあそびをリードできるようなクラスなら、その子たちに合わせたあそびを取り上げていくことも必要です。その時のクラス、子どもの様子を観察して、どのようなあそびが適しているかを考えて計画しましょう。基本的には、しぐさあそび・役交代・隊列のあそびから入るのが良いでしょう。それぞれに単純な、しかし運動量のあるものが年中児には向いています。

・役交代あそび

　♪ 79 きゃあろのめだまに・♪ 94 おじいさんおばあさん・♪ 96 おちゃをのみに など。
♪きゃあろのめだま にもぶつからないようにそれぞれが蛙飛びで楽しむことから役交代へ移行すると全員が跳ぶことで満足できるようです。♪おちゃをのみに は交代が少し複雑になるので、他の単純な役交代を遊んだ後に取り上げるとよいでしょう。

・隊列あそび

　　♪**80 くまさんくまさん**・♪**113 でんでんむし**・♪**112 いっぴきちゅう** など。

♪くまさんくまさん は、2人組であそんだ後に、次の段階として二重円で行い、外側の子どもだけが右にずれて相手を変えていきます。上手く移動して行くことができれば、一巡すれば初めのペアに戻れるので満足できるでしょう。二重円でのあそび方、全てに共通して言えることです。前後に歩く♪いっぴきちゅう は一人ひとりの歩き方が良く見え、それぞれの空間認知力を知ることができるでしょう。きれいに歩けている子どもを褒めることで、ふざける子どもにもどのようなあそび方が良いかを伝えていきます。目立ちたい子どもには何か理由があるかもしれません。大人がよく観ていきましょう。♪でんでんむしのような渦巻きあそびは、初めは大人が先頭を務めます。徐々に慣れてきたら、できそうな子を先頭にして行えるとよいでしょう。

　円の解き方も発達に応じて工夫してみましょう。

微細運動のあそびとしては、

・♪**10 どどっこやがいん**・♪**11 かれっこやいて** など手首の返しを楽しむあそび

・♪**15 こどものけんかに**・♪**16 こぞうねろ** で指を動かす、合わせるあそびを自分で行うことも楽しめるでしょう。苦手な子どもには大人が相手をすることもあそびを楽しむきっかけになると思います。

ルール感・対人関係・言語としては、

・クラス全員が内緒話ができるようになったら、♪**127 ひやふやの**・♪**131 いどのかわせの** など内緒話が入ったあそびも可能になります。

・ルールを守り、役交代もうたの終わった時に、近くにいる友だちと交代できるようになっていきます。

・後半の時期には役交代で鬼が1人で歌う課題がある♪**94 おじいさんおばあさん**・♪**98 ひふみよ（いっかんおわった）** などの交互唱ができるようになっていきます。

4　幼児期以降の発達とわらべうた　　**45**

● 年長児クラス（5歳〜6歳11ヶ月位）

運動発達		
粗大運動	微細運動	大人の配慮・働きかけ
・調整力が発達する ・走っていても合図で急に静止できる、方向を変えられる ・身体部位、空間位置と名称が一致する ・ことばでの指示に即対応できるようになる	・指先が器用になる ・手あわせ、指あそびで他人とあわせられる ・簡単なお手玉など、道具を使ってあそぶ	・少し複雑なルールのあるあそびを取り入れていく ・身体の柔軟性をあそびの中で見ていく
言語発達		
理解言語	表出言語	大人の配慮・働きかけ
・ことばのやりとりによって論理的思考ができてくる ・ルールの理解ができてくる ・他人の感情、意思を理解し、共感できるようになる	・構文、構音、ことばの働きの面でも基本的な部分が完成の域に達する ・語彙、言い回しに関心が出てくる	・大人が子どもの話に耳を傾け、子どもが自分のことばで話す機会を増やす ・多様なことば、言い回しを心がける
対人関係・ルール感・認識・情緒		
・仲間に対しても配慮できるようになる ・他人への共感が進む ・記憶力が発達する ・知的関心、文字への関心が出てくる	大人の配慮・働きかけ	
	・他人への配慮、共感のモデルになれるように意識する ・良いところを具体的なことばで評価していく ・体験したことを思い出し、定着できるような働きかけを行う	

・複雑な役交代あそび

　年少児、年中児としてあそびを積み重ねてきたクラスでは、より難しいあそびができるようになってきます。役交代でもあそび方が複雑な♪ **97 おつきさんこんばんは** や組を作る♪ **98 ひふみよ（いっかんおわった）** などが可能になります。

・指あそびも自分だけでなく友だちと合わせる、手あわせもより難しい合わせ方ができる子どもが増えて来ることでしょう。

・鬼ごっこ

　特別に空間認知が苦手な子がいなければ、鬼ごっこはぶつからないようによく見て走ることを伝えて行います。年中児クラスの時より走り方も勢いがついて鬼ごっこらしくなります。

・その他のあそび

　♪**117 からすからすどこさいぐ**（言う／言い返す）・♪**128 まめっちょ**（予測する）・♪**130 いっせんどうかは**（門が増える）などが楽しめるようになります。また、観察、記憶を要求される♪**176 らかんさん**（表情まわし）もクラスによってはできるでしょう。

　空間認知、身体能力も高まり、仲間関係もできてきます。あそびの中でもお互いに配慮できるようになってくるでしょう。反対に得手不得手も個人差ができてくるかもしれません。個人個人への的確な助けを行うことで学童期までの発達を支えていきたいですね。

● 異年齢混合クラス

　年齢による発達の差や個人差を考慮して、やさしいあそび、少し難しいあそびを組み合わせるとよいでしょう。

　一緒にするのが苦手な子どもが多い場合は少しやさしいものを多く選ぶ、できる子どもと苦手な子どもを隣り合わせにして支え合う、あそびによっては年長児と年少児の2人組にするなどの援助が求められます。

　異年齢混合のクラスで鬼ごっこをする場合には、危険を伴うので走る方向を一定にして子どもたち（特に年少児）がぶつからないように配慮するとよいでしょう。また、年少児ぐらいの子どもの中には、鬼になりたくて逃げるのではなく、鬼に突進していくのをよく見かけます。逃げないでつかまった場合は鬼になれないように伝えるのも必要かもしれません。このようなことからも年少児は見ているだけの時期を設け、ルールが分かってから一緒に遊ぶなども工夫の1つかもしれません。

　異年齢混合のクラスでは、年長児が年少児を助ける、モデルになるなど、クラスのリーダーとして遊べるように課題を出し、具体的な評価（褒める・課題など）を伝えていくとよいでしょう。

　年中児の終わりから年長児にかけては、他人への配慮ができるような人間関係の広がりが見られる子どももいます。誰が交代していないか、どのように歩いたら（空間認知）役を担っていない子どもと交代できるか、なども視野に入って工夫ができるようになってきます。

　反対に自分が自分自身で認められない、自信が持てないような子どもは、ルールを守らない、わざと他の人の邪魔をするような行為で自分をアピールすることも見られます。

　何がルールか、どのように遊ぶのが楽しいのかをことばでも伝え、良くできた時にことばで褒めて認めていくことが大切です。目につく時に叱ることはしても、小言は慎みましょ

4 幼児期以降の発達とわらべうた　　**47**

う。また、出来ていないことは目についても、良い時に褒めることは意識していないと抜け落ちがちですから気をつけましょう。ルールを守る、良い人間関係を作っていくのはお互いに認め合って楽しい経験を積むことから始まることを忘れずに心してことばを掛けていきましょう。

　多くの年中児以上のクラス、異年齢混合クラスでは夏休みを越えた辺りから、クラスの友だちのことを認識し、関係が拡がって来るようです。2学期以降では♪**101 つぶさんつぶさん** ・♪**102 おつきさんなしゃほしゃ**のような声あてのあそびを取り入れることができるようになるでしょう。

● 学童

　小学生になって仲間が変化すると、今までのように遊ぶことが難しくなる場合もあります。そのような場合は、簡単なあそびから行うとよいでしょう。仲間と一緒に遊ぶ経験ができたら、徐々により難しいあそびを取り入れていきます。もともと、わらべうたは学童期の子どもたちが伝承してきたあそびなので、ぜひ集団のあそびを取り上げ、運動発達の刺激としてもあそびに取り入れていきたいと願います。

　幼児期よりゲーム性の高いあそび、技術を競うあそびなどもできるようになっていきます。さまざまな形の鬼ごっこも学童期の子どもたちに適したあそびと言えます。また、道具を使って技を競うまりつき、お手玉、縄跳びなども学童期のあそびです。

　ことばに関しても普段は使わないようなことばや言い回し、自然に対するうたなどを楽しめるようになっていきます。あそびの中で繰り返し歌うことで、ことば、運動、人間関係、ルール感、認識など総合的な発達にも良い影響をもたらすことでしょう。

　歌う時には幼児期以上に歌っているお互いの声をよく聴くことが課題です。

・運動発達や自己コントロールなどの様子を見るためには、♪**79 きゃあろのめだまに**・♪**113 でんでんむし** など、まずは空間や他人を意識できているかを見やすいあそびを選ぶのが良いでしょう。他の人とぶつからないで動けるか（平衡感覚・空間知覚・脚力）、自分の番が来るまで待てるか（平衡感覚・自分の役の認識とコントロール）などです。場合によっては♪**112 いっぴきちゅう** などで前後歩きの様子、隣の人との関係をどう保てるか（空間知覚）を見ることも有効です。

・関係性を見るには簡単な役交代あそびから始めるとよいでしょう。ルールが守れるよう

なら、♪ **96 おちゃをのみに**・♪ **97 おつきさんこんばんは** などの複雑な役交代が楽しめるでしょう。

・門くぐりのあそびでは♪ **130 いっせんどうかは**・♪ **131 いどのかわせの** などのゲーム性のあるものを楽しめます。

・鬼ごっこも子とろ鬼のあそびや交互唱のあるものが可能です。

・子どもたちが喜んで行うのが、じゃんけんの勝ち負けや手あそびなどです。♪ **163 やなぎのしたには**・♪ **15 こどものけんかに** など、広い空間が確保できない時や子どもの人数が多い時のあそびとして取り上げるとよいでしょう。

・その他、まりつきやお手玉などの道具を使うあそび、♪ **176 らかんさん** のように観察、記憶力を要するもの、足かけあそびのらかんさんのように平衡感覚や体力を要するあそびなどが楽しめるようになってくるでしょう。

◉ 話すこと・歌うこと

　子どもが話す、歌うためには聴覚、咽頭の発達と呼吸器や体全体の発達が必要です。これらは乳幼児期、学童期を通して徐々に発達していきます。声帯も変声期（声変わり）頃までに一応の発達を終えると言われます。

　ことばを話すためには舌、唇、口蓋、顎などの筋肉の発達が必要です。それぞれの発達によって母音や子音が出せるようになっていきます。またことばや音を捉えるためには耳（外耳、中耳、内耳）の発達も必要です。

　これらの発達は、一人ひとりの子どもによっても速度が異なります。無理に大きな声を出して声帯を傷めないように気をつけましょう。

　まず、耳を澄まして聴くことを大人も子どもも心がけていくことで、聴感（音に対しての感覚）が育っていくのです。聴くことと一人ひとりの声帯、体の発達が相まって歌う力も徐々についてきます。大人自身が子ども一人ひとりの声を聴くことを心がけることが、第1の課題と言えるでしょう。

　また子どもが聞くこと、歌うことを楽しめるようになるためにも、乳児期に大人がこもりうたや聞かせうたを歌ってきた続きとして、幼児期にも子どもに歌いかけ、語りかける

ことを心がけましょう。年齢に応じた簡単な演奏を聴いて楽しめる機会も持てるとよいと思います。季節や自然を感じる落ち着いた雰囲気を作りたい、表現したい、気持ちを共有したいなど、大人が歌う気持ちを持つことで、いつでも歌う機会が作れることを意識し、楽しんで歌っていきたいと思います。大人が音楽を楽しみ、歌う姿を見ることこそ、子どもが音楽に対して喜びを持てるようになる第一の手立てと言えるのです。

　大人が自然に声を出し、響く歌い方ができるとよいですね。専門的な訓練ではなくとも、自然な話し方と同じように歌えることを目指したいと思います。それにもよく聴くことが必須だと思います。

● 音楽に関する発達

　音楽の発達は環境や経験によって大きく異なりますが、大人があそびとして取り上げ、子どもの発達状況を知るための基本的な発達段階例を記します。しかし、これも個人差の大きいことですから、年齢にこだわりすぎないように気をつけましょう。

年齢	音高（歌の音域）歌う力	リズム感（拍・リズム・速さ）	聴感（大きさ・高さ・音色・音を思い起こす力）
年少児（3~4歳）	ニ（D）～イ（A） レド レドラ, ミレド ・聞いて怒鳴らずに歌い遊ぶ	・歌いながら拍に合わせて歩く（体幹、空間知覚の発達による）	・特徴的な生活音、後半になったら友だちの声を聞き分ける
年中児（4~5歳）	ニ（D）～ロ（H） ミレドラ, レドラ, ソ, ・大人の働きかけで、友だちの声を聴いて歌う	・うたに合わせ拍で歩く ・速さの違いに気付く ・大人が行うリズム感に関しての行為に気付く	・大人の声の大きさ、音高の違いを聞き分ける ・自然の音、楽器の音の違い、人の声の違いに気付く ・よく知っているうたが大人のハミングでわかる
年長児（5~6歳）	ニ（D）～ハ（C） ソミレド ミレドラ, ソ, ・自分たちが歌う声を聴き、合わせようとする	・拍とリズムの違いに気付ける ・大人と一緒に拍を意識する	・ハミングやシラブルで大人が歌った曲をあてる ・音の違いに生活の中でも気付き、言語化する ・大人と一緒に大きさ、音高を意識できる子どもが増える
学童（7~8歳）	ハ（C）～ニ（D） ラソミレドラ, ・音程に気をつけて歌う ・1人でも歌える ・対声部を聞きながら歌える	・拍叩き、リズム叩きの違いを知り、自分でも叩く ・速さを意識して歌える ・4分音符、8分音符の違いが分かる ・4~8拍分のリズムを認識できる	・ハミング、シラブルで歌う ・3度、2度の違いが分かってくる ・大きさ、音高を意識しながら歌う ・4~8拍分のメロディを認識できる

学童期には音の違い、リズムの違いをより細かく認識し、それを言語化したり、楽譜に書いたりという抽象的な作業ができるようになっていきます。ただし、経験の違いや得手不得手もあるので、個々への配慮、課題、援助は必要です。また、聴いて違いが分かるけれども声のコントロールが難しい、うたを歌うのは得意でも一緒に遊ぶ空間がなかなか大きく認知できないなど子どもによっていろいろな違いがあります。

　子どもの集団として、音を楽しみ、共に共有できるあそびのうた（音楽）を経験し続けていかれるように配慮したいと思います。そしてできることならば、歌い遊んだ経験を基礎に、音の読み書きに関心を持ち、生活の中に音楽を楽しむ時間がもてるように育っていって欲しいと願っています。

5　保育実践の計画づくり

わらべうたの実践と計画・記録

　わらべうたの実践とは、大人が意図を持っていくつかのわらべうたを選び、子どもと一緒に歌って遊ぶ時間を過ごすことです。その基本はうたとあそび方を覚えて遊ぶことです。

　あそびの中で、大人が子ども一人ひとりの発達課題を観察分析し、次の実践の中で取り上げるあそび選びや、日常の発達援助を行うための見通しを作るためのメモが「計画」と「記録」です。各園で、年間計画（カリキュラム）、月案、日案の立て方はそれぞれだと思います。

　計画は自分たちの保育に役立てるためのものですから、現状（子どもの発達・保育士の経験・保育方針など）に沿って、どのように計画案を作るのが自分たちの保育にとって良いのかを各園で試行錯誤していくことが基本です。

０１２歳クラスの計画づくり

　右の表は乳児クラス（０歳児〜２歳児クラス）の計画（月案）の立て方の一例です。

　共通して考えたいのは、保育園の１クラスには、誕生日がほぼ１年違う子どもたちが一緒に生活しているということです。特に乳児期といわれる０歳児クラス〜２歳児クラスの子どもたちの発達には大きな個人差が見られます。ですから、いくつかの段階に応じた保育計画（月案）が必要です。わらべうたにおいても同様です。わらべうたの計画は少なくとも２〜３段階の発達に見合うように立てるとよいでしょう。

　例えば、１クラスを「低月齢」「中月齢」「高月齢」に分けて、それぞれの発達に見合ったわらべうたを歌えるようにメモしておく、ということです。１歳児クラスまでは「低　中　高」３グループ、もしくは「低　高」２グループに適した「あそばせうた」「聞かせうた」を書き出し、保育計画（月案）に書き込むとよいでしょう。計画は大人が意識して使えるようにメモしておくものですから、選んだわらべうたをその月齢の子どもだけと遊ぶわけではありません。もし、大人の方がマンネリ化してしまうのであれば、同じようなあそびで、違ううたを季節によって選び変えていくことも考えましょう。

0歳児クラス （6月）	低月齢　（なまえ） （5~8ヶ月）	中月齢　（なまえ） （10~11ヶ月）	高月齢　（なまえ） （12~14ヶ月）
あそばせうた	だんごだんご・かなへびこ・ はなちゃんりんごを きっこーまいこー	うまはとしとし えっちゃらこ どどっこやがいん	じっぽはっぽ ○○ちゃんというひとが ねずみねずみ
あそばせうた （主に見せるあそび）	しゃんしゃんしゃん	おさらにたまごに かぜふくな	えんどうまめ ちっちここへ
聞かせうた	ねんねねむのき　　てるてるぼうず		
人形・物を使って聞かせる	きゃあろのめだまに		

布、お手玉、ビーズ連、チェーン、洗える人形など、呑み込めない大きさのもの、洗えるものを準備する。

1歳児クラス （9月）	低月齢　（なまえ） （18ヶ月〜20ヶ月）	中月齢　（なまえ） （21ヶ月〜23ヶ月）	高月齢　（なまえ） （24ヶ月〜28ヶ月）
あそばせうた	ちょちちょちあわわ どんどんばし（きつねが） ぼうずぼうず	えっちゃらこ ○○ちゃんというひとが ねずみねずみ ここはとうちゃんにんどころ	ごいごいごいよ ここはてっくび おやゆびねむれ こりゃどこのじぞうさん ふくすけさん
物を使って	うえからしたから あずきちょまめちょ	ちっちここへ おせんべ	どっちんかっちん にぎりぱっちり
聞かせうた	ねんねんころりよ　じゅうごやのおつきさんな ののさんいくつ		

大きなクッション、布、つみき、さまざまな大きさの箱、お手玉、ドーナツリング、洗面器、ボールなどを準備

2歳児クラス（1月）（2歳10ヶ月〜3歳9ヶ月）	
少人数で （高月齢児向け）	どんどんばし（きつねが）　　すずめちゅうちく　　どうどうめぐり もぐらどんの
個別に	○○ちゃんと○○ちゃんと　　しおやかぎや　　いちめどにめど　　にゅうめんそうめん あいにさらさら
聞かせうた	ひとやまこえて　　すってんてれつく ゆきやこんこ　　ひふみよ（いっかんおわった）

大きなクッションや大型積み木（上を歩く）、積み木、段ボール箱、人形、負ぶい紐などを準備

幼児クラスの計画づくり

実践案とは、その日に行うあそびの選曲とその曲をどの順にどのような方法で行うかを決めたものです。実践を繰り返し行ってきたクラスでは、充分に遊んだ後で、大人が「聞かせうた」を歌う、次の実践で遊ぶ新曲を紹介する、今日遊んだ中から要素を取り出して楽しむなど、ほんの少し落ち着いた時間を過ごして終わるのが良いでしょう。

● クラスの状況の把握とあそびの選択

・発達段階を考える

計画を立てるには、まず自分のクラスの子どもたちがどのような発達状況にあるかを捉えることから始めます。クラスの子どもたちが、全員で同じことができるか（全員参加）、または、暫くは関心のある子どもたちと始めて、徐々に自分から入ってきたいという気持ちを持てるように働きかけていくのか（自由参加）などを考えます。子ども一人ひとりに関しては、じっと立っていられない子どもがいるか、いるならだれか、誰と手を繋いだら立っていられるか。仲間関係はどうか、友だちを支えられる子は誰か、歌える子が何人くらいいるかなども把握しておきます。そして発達状況、仲間関係を捉えたうえで、クラスの子どもたちがどのようなあそびを楽しめるかを予測してみましょう。

・曲を選ぶ

子どもの発達に合った曲を選ぶのは勿論ですが、構成音が少ない2音、3音のものから始めるとよいでしょう。音が多く、音域が広い曲は子どもたちにとって正確に歌うのは難しいものです。年長児の終わりまでに、徐々に難しいものも歌えるように考えて段階を踏んでいきましょう。また、唱えのあそびが多くなりすぎないようにするのも大切です。唱えのあそびが続くと声が低くなり、力が入りがちだからです。

大人が面白い、楽しいと思うあそびは往々にして子どもにとっては難しすぎることがありますから気をつけましょう。

なお、一度に何曲取り上げるかを決める必要があります。わらべうたに初めて出会う子どもたちであれば2〜3曲を遊んでみて、様子を見ると良いでしょう。あそびに慣れて来たら、うたの流れ、あそびの隊形なども考えて5〜7曲選びます。子どもが満足感を得て、あそびの面白さや音楽の流れを体験できるように心がけましょう。子どもの様子を観ながら、選曲数を決めていくことが大切です。

曲（あそび）を選ぶ際、あそびの隊形を考慮する必要もあります。なぜなら、同じようなあそびが３つ４つ続くと、うたが違っても同じような動きになって、体が疲れ、飽きてしまうからです。また、あそびの順番はなるべく隊形移動がスムーズにできるように、そして難しいあそびばかりが続かないように流れを考えましょう。その際に、動きの動と静も考えて組むと、あそびの中でたくさん動く、体を休めるなど、子どもの運動欲求に叶ったあそびの流れを作ることができます。

・どのくらい繰り返すか　流れを作るには

　１つの曲をどのくらい繰り返すかも大切です。「全員が鬼になるまで」と考える必要はありません。大人がどの子にも同じように行うことを良し、と考えてしまうと、子どもが飽きていても気付かないことがあります。また、回数が少なすぎても楽しむ前に終わってしまいます。次に移るタイミングはその場で子どもと一緒にいる大人だけが決められることです。子どもの声を聴き、動きをよく観てタイミングをつかみましょう。

　曲を変える前（そのあそびの最後）には「これで終わり」と予告するとよいと思います。なぜなら、鬼が回ってきたと思った途端に「終わり」と言われると、鬼が当たるのを待っていた子にとっては残念さが増してしまうからです。

　もし選んだ曲（あそび）が難しすぎたと感じたら、切り替えて違うあそびに移るのも良いでしょう。子どもの反応が分かれば、次の時に選ぶ曲の参考にもなります。その時点で無理して続ける必要はありません。

　あそびの途中の「説教は厳禁」です。説明はなるべく短く、必要な時以外はなるべくあそびを止めずに、うたが続いて行くように大人が意識していくと、うたにもあそびにも流れが生まれてきます。大人はあそびの中で良くできていることを見逃さずに、できている子どもを「具体的に」褒める機会を増やせるように心がけましょう。子どもは良いモデルを知ることで、あそびの良さを知り、自分もできるようになろうと努力する姿を見せてくれることが多いものです。

● 観点

　「観点」とは、大人が子どもの発達把握とこれからの支え方を考えるための視点です。

　初めは子どもがうたとあそびを覚えて、楽しめるようになることが目標です。楽しむとはふざけることではなく、ルールを守りお互いを意識して認め合いながら遊ぶ、お互いの声を聴いて歌えることです。クラスの状態を把握するための観点を持つとよいでしょう。

あそびをいくつか覚えたあとでは、あそびの 30 〜 40 分の間に子どもの何を中心に観ていきたいのかを、大人の「観点」として選ぶことができるようになるでしょう。「観点」を充分に活かすためには、選曲の中に、観点を見やすいあそびをいくつか選ぶ必要があります。子どもにとってはあくまでも「あそび」です。大人は子どもが遊んでいる様子を見聞きすることで、自分の観点を意識し、それぞれの子どもの状況と必要なことを観察し考察することによって、一人ひとりの子どもに対する次の課題を見つけ助けへと繋げることができるのです。例えば、平衡感覚の不足が分かれば、自由あそびの中で這うことや体全体を使うこと、重いものを運ぶなどの体験や運動ができるように設定し、働き掛けることが必要になります。また、ルール感ができていない子どもにはどのようにルールが守れるようになるか配慮していかなければなりません。わらべうたの時間だけでなく、子ども一人ひとりの生活全体に渡った課題となっていくわけです。「観点」は１つ、または２つ持つことが可能でしょう。また、「観点」としなくても子どもたちのあそびを助け、観察することによって、次の大人の仕事が見えてくることもあるでしょう。

音楽の「観点」をもつには大人の力量が問われます。自分が子どもの声をよく聴くことから始めましょう。そして子どもたちがどのくらい聞き分けられているかをあそびの中で意識して観ていくとよいでしょう。また、年長児クラスの後半には知的関心を持つ子どもが増えてきますから、クラスによっては子どもに合った音楽の課題をだすことで、音の性質を意識化するのを助け、言語化していくことができるでしょう。この時も、大人が無理せずに自分の音楽的な力の何分の一かの課題を出し、余裕を持って子どもの様子を観察することが大切です。具体的な「観点」の例としては、次のようなことが考えられます。

・運動発達

『平衡感覚の発達』…一定時間きちんと立っていられるか。適当な空間を維持し隣とぶ
　　　　　　つからないでいられるか。など

『空間的知覚』…円に沿って歩けるか。他人にぶつからずに走れるか。など

『バランス、脚力』…両足をそろえて跳べるか。しゃがみ立ちできるか。等

・仲間関係・ルール感

『人間関係、仲間関係の広がり』…仲の良い同じ子とばかり交代するか、やりたそうな
　　　　　　子と交代できるか、まだやっていない子と交代できるか、など。年少児であれ
　　　　　　ば、仲の良い友だちとばかり交代するのも自然です。でも、年長児後半になれば、

人間関係も広がり、記憶力もよくなってくる時期なので、他の子に配慮できているか、まだやっていない友だちと交代できるかなど、肯定的な人間関係が徐々に増えていってほしいと思います。

『ルールを守って遊べているか』など。

・音楽の「観点と観察方法」の例（あそびの中で取り入れる工夫をしていきましょう）

『歌唱能力』…聴いて歌えるか。大声で怒鳴るか、音を捉えるのが苦手か、声を出すのが苦手か。自信がついてから歌い出すタイプか、聴かずにすぐ声に出すタイプか。など一人ひとりをよく観て、聴いて歌えるように助けていく。

『リズム感』…「拍」「リズム」「速さ」「フレーズ」

　　「拍」…取り上げる時には「歩くように叩く」と伝えると意識しやすい。

　　「リズム」…「歌うように叩く」という表現を使うと分かりやすい。幼児期に取り上げる曲（リズム）は４分音符と８分音符＋４分休符のみ（♩ ♫ ♪）でできているものを選ぶ。

　　「フレーズ」…２拍×２小節で交代できる曲を選ぶとよい。
　　　　歌い継ぎ（大人と子ども・グループとグループ等）かくれんぼ人形を使って大人が合図を出し、歌う、黙るの交代が年長児クラスの終わりにはできるクラスもある。

『聴感』…「声（音）の大きさ」「音高の違い」「音色」

　　「大きさ」…小さい声はささやき声と違うこと、大きい声と怒鳴り声とは違うことを大人が意識して伝える。あそびの中で取り入れていくとよい。

　　「音高の違い」…子どもが良く知っている曲を８度。５度の違いで大人が歌って聞かせるなど。聴いて高低の違いが分かれば良い。まだ声帯ができあがっていないので無理な高音、低音を出させない。

　　「音色」…あそびとしては「声あて」が音色の違いを聞き分けることになる。自然音、生活音、周りにある音に耳を傾けて聞き分けられるようになるのが目的。

　　「音を思い起こす力」…ハミングやシラブルで聞いた曲を思い起こす。うたを曲の途中から黙って心の中で歌い続け、また途中から声を出して歌うなど、心の中で歌い続ける力がついていくのが目的。

音をどのように意識できるか、していくかを「観点」として持つことができます。しかし、

5　保育実践の計画づくり　57

子どもに合わせた「課題の出し方」に工夫が必要です。クラスによって、また大人の力量によっても課題が違って当然な難しい「観点」でもあるので、大人は無理せずに行なえる計画を立てましょう。

　幼児期の音楽的目標としては「聞いて分かる」ことが基本です。クラスの様子、子どもの発達段階を見極めて、より良い方法でそれぞれの発達を支えられるとよいでしょう。特に知的発達が見られる年長児の後半に、良い課題に楽しみながら挑戦できる機会があると、子どもたちはそれまで遊んできたわらべうたをより楽しみ、より満足し、知的関心も高まり、次の抽象思考への段階へ歩みを踏み出すことができるでしょう。

　１つの観点を設定したあそびの中で、他の視点からも子どもの発達に気付けることもあります。例えば「拍に合わせて歩けているか」という観点を取り上げた場合、歩けていないのは、うたが自分のものになっていないからなのか、聴くことへの集中が弱いからなのかなどの音楽的な面と、体をしっかり支えて歩けないという運動発達面からの問題なのか…など、別の面からも考えて捉えなおしてみるということです。音楽の観点を取り上げて「できている」「できていない」だけを評価するのでは、子どもの発達を支えることはできません。子どもを全体的にみることからその原因を探り、一人ひとりに合った援助ができるようになるための「観点」と考えたいものです。

● 大人のうた（聞かせうた）

　「大人のうた」は曲の持つ意味や歌われる曲が醸し出す雰囲気から子どもが音楽を楽しむ体験をすることが目的です。上手下手は問題ではありませんが、大人がその曲をどう感じているのか、そのテンポやフレーズをどのように感じ、内容を表そうとしているかはとても大切です。

　次回に子どもたちとあそぼうと計画している新しいわらべうたを紹介する場合も、そのテンポやあそびの雰囲気を感じて歌うことが大切です。２組の掛け合いなら、それが分かるような工夫を、こもりうたならその雰囲気とテンポを、ことばあそびの様なうたならその面白さを…といったように。

　毎回、歌って聞かせる必要はありませんが、親しい大人が自分たちに歌って聞かせてくれるという心地よさを子どもに伝えられるように練習をして臨みましょう。

● 計画（１ヶ月案・２ヶ月案・学期案・年間カリキュラム）と記録

　基本的には年間カリキュラムや学期案を立てられるとよいのですが、まずは１ヶ月案か

ら始めてみましょう。

・1ヶ月案と記録

　毎週1回、わらべうたを行うとすれば1ヶ月に4回分の計画を立てることになりますが、4月であれば、2回、5月は3回、その後は毎週など、園の状況、クラスの状況に応じて回数を考えてみるとよいでしょう。まずは、いつ行うかを決めます。基本の曜日を決めておくのもよいと思います。毎回、新しいものをするよりは繰り返し遊ぶことが大切ですから、4月、5月や初めてわらべうたを遊ぶクラスでは3曲～4曲から始めると良いでしょう。「しぐさあそび」「連なり歩き」、簡単な「鬼きめ」、簡単な「役交代あそび」などから選ぶのが遊びやすいと思います。繰り返し遊ぶ中で、次の曲を少しずつ紹介し、あそびを増やしていきます。

　年長児であっても初めてわらべうたを行うクラスであれば、年少児が遊べるようなやさしいものを基本にして、少しずつ難易度を上げたあそびを入れて、子どもたちの遊び方、様子を見ていきましょう。

　具体的には、実践案(後出)を立てて行うことになります。この時に記録となるメモを取っておくことをお勧めします。1ヶ月の終わりには、その月の「まとめ」を記しておくとよいでしょう。

・2ヶ月案・学期案＋記録

　1ヶ月案と記録がたまってきたら、前月に行ったものを続けるのか、新しいものを取り入れていくのか、以前に行ったあそびを久しぶりに取り上げるのか、など少し長い見通しで計画が立てられるようになってきます。それが、2ヶ月案、学期案です。

　初めからすべてを立てなくても、この季節にはこのうたを覚えておいて「大人のうた」として歌おう、この時期にはこのあそびを入れようなど年間の中で忘れないように書き入れて、部分的に計画案を立てておくことも良いでしょう。

　記録と見通しが相まって、長い計画が立てられるようになっていきます。

・年間カリキュラム

　年間カリキュラムは、季節ごと、学期ごとなどの大まかな計画を立てておくのが良いと思います。いつごろにこの曲をあそびたいという思いがあれば、その時期に曲名を入れておきましょう。役交代あそびの難易度で、この時期にはこのあそびを、と考えて入れてお

くことも良いと思います。

　年間カリキュラムは、あくまでも「計画」であって、子どもの様子をよく見ることによって「変更するもの」と考えてください。一度立てたから、去年のクラスがこうだったから、ということで計画を進めていくのであれば、子どもぬきのお題目になってしまいますから、気をつけましょう。

　変更した場合は難しすぎたもの、やさしすぎたもの、今年の子どもたちが好きで追加したもの、大人が新しく知って子どもと楽しんだもの…などを、文字色を変えて書き込んでおき、翌年に活かすこともお勧めです。

　カリキュラムは「提出」が目的でなく、子どもに寄り添ったあそびや課題を進めるためのものです。見直していくことで、具体的な「実践案」が作れるように努力してください。

・繰り返し、積み重ねの大切さ

　あそびが繰り返されていくと、そのクラスの子どもが好きなあそび、得意なあそびの傾向も見えてきます。積み重ねができることで、子どもたちも自然に仲間と歌い、遊べるようになって、あそびが自分たちのものになっていきますし、お互いへの理解も深まっていくことでしょう。子どもの成長に合わせて既知のあそびと新しいあそびを上手に組み合わせていくと、少しずつ難易度の上がったあそびもできるようになっていきます。繰り返し積み重ねていくことを大切にしていきましょう。

● 異年齢クラスの特徴とあそびの選択

　異年齢クラスも、まずクラスの子どもたちの成長発達の度合いを見極めること、それに沿ったあそびを選ぶことは年齢別クラスと同じです。ただ違うのは、年長児や年中児が年少児を助けてくれるという年齢差の協力がある点です。このことは、あそびの種類が増えることにもつながります。そして、全てのあそびを全員で行わなくても、年長児や年中児が歌い遊んでいる姿を年少児が「見聞き」することで学べることも多いのです。

　２人組になる場合は年長児と年少児が組み、年長児が円の外側に来る、しっかり立てない子のそばには（年少児だけでなく）しっかり立っていられる子どもが隣に来て手を繋ぐなど、年齢差があるだけに子ども同士の協力がしやすくなります。

　決して、年少児向けのあそびがやさしくて年長児に合わないということはありません。一緒に助けられてできるあそびのレベルを大人が見ていくこと、時々は年長児、年中児で思い切り遊べる少し難易度をあげたあそびも組んでいくとよいでしょう。

● 異年齢混合クラスの計画

　計画の立て方、記録については、年齢別の案の立て方と基本的には変わりません。しかし、基本的には 3 年間、異年齢の仲間と一緒に過ごすことになりますから、毎年行うあそびうた、2 年または 3 年に 1 度取り上げるあそびうた、聞かせうたなどがあれば、大まかな 3 年計画案を作り、メモしておくことも有効でしょう。毎年取り上げるあそびうたがあると、その年には初めて行うあそびでも、年中児、または年長児の中に覚えている子どもがいて、あそびがスムーズにいく場面が増えていきます。

日々の実践案づくり

　わらべうたは本来、異年齢の子どもたちが遊んで伝え合ってきたものであることは先に述べました。しかし、現在の日本の状況の中には、そのような環境や生活スタイルが無くなっています。わらべうたが伝承されてきた意味としては、子どもの発達に見合ったあそびであること、あそびの中で子どもたちの発達が促されてきたこと、仲間同士の経験を豊かにする機会でもあり、日本語のリズムと音程で出来ていることから歌い易く、言語の獲得にも有効であるなど、子どもたちの発達を支える教育材料としても有効です。このような意味からも、週に一度くらいの頻度で大人が設定し、新しいあそびの紹介をし、共に聴き合いルールを知って遊び合う実践の機会を持っていくことは有意義です。

　大人のリードの下に行った実践を通して、子どもたちは仲間同士でもっと遊びたいあそびうたを自由あそびの中で、外あそびの中で行う様子が見らるようになるでしょう。子ども自身であそびを選び、仲間を募り、歌って遊ぶことは自主的な行為です。子どもたち自身のあそびになったといえます。

　そのような場面を観察することで、子どもたちの仲間関係や歌う力を知ることも出来、大人の次の観点や計画作りを行うのにも役立つことでしょう。また、自由あそびで行うあそびは、クラス全員で行うには適さない段階のものを取り入れる良い機会でもあり得ます。自由あそびで人数が少ない時に、集まっている子どもに適した難易度のあそびを大人が紹介して楽しく遊べたら、その子どもたちを核として次の段階では、クラスとして取り上げることも可能になるかもしれません。

　実践案はあそびの選曲と順序、最後はどのようにして終わるのか、などの具体案です。大人はどのようにこの時間を過ごし、子どもの状況を捉えることができるか…観点を決めて臨みます。

5　保育実践の計画づくり　61

そのためには、年齢別であっても、異年齢混合クラスであっても、今まで述べてきたような「クラスの状況」「あそびうた」「あそびの形態と流れ」「大人の聞かせうた」（入れるか入れないかも含め）を考え、全体の計画を作ります。初めはまず、クラスに合ったあそびを選びます。繰り返して遊ぶうちに楽しみ、歌えるようになるのが第1の目的です。

遊び終えた後には、時間帯と遊んだ項目、子どもの様子（必要なら個人記録も）を記録しておきます。次に同じあそびを繰り返すのか、新しいあそびを入れるのが良いか、難しかったあそびは続けてあそんでいくのか、暫く時期をおいて行うのか等、記録がたまっていくと次の計画を立てやすくなっていきますし、子どもへの課題の出し方や大人の観点も見通しを持ちやすくなっていくでしょう。

〔例 1〕　実践案と記録　（年中児クラス）20 人

＊1回目　6月8日

観点　子どもたちの参加状況と運動能力、仲間関係を知る。（初めて行うので、子ども一人ひとりの状況をあそびの中でつかむ）

一重円になって始める

あそびうた	観点・課題	記録
いしのなかのかじやさん（しぐさ）	拍で叩けるか	ほぼ全員楽しめてできている
いっぴきちゅう（隊列）	前後の歩きの中で平衡感覚を見る	KYJ が引っ張り合う。Jはわざと転ぶ
ちょうちょかんこ（しぐさで自由歩き）	腕の動き、ぶつからないで歩けるか（平衡感覚・空間知覚）	JOは腕の力が抜けずにぎこちない動き。全員、ぶつからないで動ける。
ちんぷんかんぷん（鬼きめ）	じっとげんこつを出していられるか、できる子がいるか	げんこつは出していられる。A、Tは鬼きめ可
すずめちゅうちく（しぐさ・役交代）	その場跳び（しぐさ）でお互いにぶつからずに両足とびができるか 役交代で最期に止まって役を交代できるか（運動・仲間関係）	気をつけて跳べるが、ときどきJが隣とぶつかる。 半数は仲の良い子とのみ交代。全員、楽しめている。
やなぎのしたには（2 人組）じゃんけん	2 人組の相手を見つけられるか（仲間関係） じゃんけんができるか（微細）	IGHは大人の助けが必要。他は仲のよい子とすぐに2 人になれる。 じゃんけんはJOKが時々あやしい。

聞かせうた　♪うのじうっさいこく（3番まで歌った後に、子どもの頭文字を入れながら子どもの顔を見て歌っていく。）3回目くらいで、頭文字であることに気付く子が出てきて、期待感が見える。良く聴いていた。

＊2回目　6月15日

観点　前回のあそびをどれだけ記憶しているか

　　　歌えるようになっている子は誰か

　　　平衡感覚・空間認知・腹筋・背筋の発達を見る

聞かせうた　　♪ねんねねむのき　前回と違った雰囲気。良く聴いていた。

あそびうた	観点・課題	記録
いっぴきちゅう（隊列）	ハミングであそびを思い出せるかどうか ぶつからず、転ばずに前後に歩けるか	ほとんどの子が覚えていて歌い出す。転ばずに歩けることが良いことを伝える。Jを褒めるとYKOも意識して歩く。Jは腹筋背筋が弱いためか、途中で姿勢が悪くなる。室内の運動あそびに誘っていく。
ちんぷんかんぷん（鬼きめ）	できそうなA、Tに鬼きめを当てる	Aにしてもらう。うたは歌わないが拍を感じている。
ちょうちょかんこ（役交代で）	円の中をどのような空間で歩き、交代できるか	JYは円に沿って歩くのは難しい。役交代はできる。Nは当たっていない子を意識して交代する。
やなぎのしたには（ジャンケン）	二重円がスムーズにずれていかれるか 最後は勝ち負けを決める	2回目のあそびでIGHも前回よりすぐに相手を見つけられた。ずれるのはJOが時々迷う。
ねずみねずみようかくり（新）（場所交代の鬼ごっこ）	ぶつからずに場所交代できるか 合図でスタートできるか	ルールの理解に時間がかかったのがJK。繰り返すうちに理解した。なかなか逃げだせないのが、HI。全体には楽しめた。

＊6月のまとめ（実施：3回）

なまえ	平衡感覚（腹筋背筋）	空間知覚	仲間関係	聴くこと・歌うこと
K	目を合わせると意識して立っていようとする。		JOに引きずられる	気に入った部分は大きな声で歌う
Y		まだ狭い	褒められると頑張れる	あまり声は出さないが、楽しんでいる
O	平衡感覚がまだ弱い	まだ狭い	周りを見て理解	抜けるようなことはない
I	特に悪くはないが、良くもない	まだ狭い	世話してくれる子に頼ろうとする	自信がなくなるとべそをかいて行動が止まる
M				楽しんで参加している

A	体操は得意ではないが、しっかり立てる。	年齢相応の発達	友だちをよく見ている	自信がないと歌い出さないが、良く聴いている うたを覚えるとよく歌う
T	月齢も高いのでしっかりと立てる	年齢相応の発達	仲間関係が良い	すぐに覚えて良く歌う
G		少しずつ広ってきている 覚えたうたは歌う	大人が見ていれば、自分から関係を持とうとする	楽しんでいる
N			友だちに配慮できる。観察力、記憶力が良い	積極的に歌い、楽しんでいる
J	腹筋背筋が弱い 這う運動に誘う	まだ狭い	大人の支えが必要	歌わないが楽しんで参加している
H				
C				

・3回行ったこの段階で言えることは、あそびが子どもの中で理解されてきたこと、うたを覚えて、歌える子どもが出て来たことです。暫く同じ曲を繰り返して遊び、定着させていきながら、新しい曲として平衡感覚、空間認知の発達がゆっくりな子どものために、自由歩きや列になって前の人について行く連なりあそびも入れてみるとよいでしょう。♪79 きゃあろのめだまに など、下肢を使うあそびを入れていくことも考え、ぶつからずに跳ぶことを伝えていきます。次の月案（7月）計画に新しいあそびを2〜3曲入れて可能性を確かめながら、繰り返しのあそびと共に行えるようにしていくと子どものあそびも増えて、見通しが持てるようになっていくでしょう。

　二学期の終わりころには音楽的な観点を入れてみることも出来ます。

＊12月11日
観点・課題　拍／テンポの違い（速い・遅い）

あそびうた	観点・課題	記録
けむりけむり（しぐさ）	拍で動かせているか 手首の動きも見る	手の動きは拍でできる。JOもかなり上手に動かせるようになってきた
てざらこざら　（新曲）（鬼きめ）	拍に合わせて手のひらを数えられるか	全体に鬼きめは上手になってきている。拍に合っている
きゃあろのめだまに（役交代）	子どもの動きに合わせて歌えるか（速遅）	脚力の弱いAMHはテンポが遅くなるが、他の子がよく観てその子に合わせて拍を感じて歌おうとする
ひふみよ（いっかんおわった）（新曲）（役交代）2人組	相手を見つける。全員で歌い、覚える。	鬼になりたくて残ろうとする子も見られるが、楽しんで相手を見つけている。次回には交互唱できそう
むかえのおさんどん）（手合せ）	2人組の手合せ…相手と拍で合わせられるか	手合せが難しいのがJOK。相手とでなく、自分の膝を拍では叩けているので空間認知の問題か。

課題：遊びの後で♪きゃあろのめだまに を道具なしでテンポを違えて 2 回歌い、どのように違ったかを問う。

こたえ：1 回目は 2 回目より速かった。2 回目の方が遅かった。

3 匹の蛙がいるからどんなカエルだったか聞いてね。

こたえ：1 匹目は　ゆっくりだったから　おじいさん

　　　2 匹目は　普通だったから大人

　　　3 匹目は　早かったから子ども

　子どもたちはイメージして答えられた。期待以上だった。

聞かせうた　　♪おしょうがつどこまできた…銭隠しで当てる。（3 回）

［例 2］　実践案と記録　（年長児クラス）23 人

年少児クラスから積み上げている。担任も 3 年間同じ。

＊ 9 月月案

主なあそびうた	方法　配慮点　観点
おちゃをのみに （役交代）	・歌う中でお互いの関係を見る ・1 回半回れるか　　・方向感覚の確認 ・お互いの声を聴いて歌う
おつきさんこんばんは 新曲 （役交代＋ジャンケン）	・ジャンケンで交代できるか ・みんなが鬼に関心を持って遊べているか
こめこめこっちへこう （しぐさ）	・手首をしなやかに反せているか ・拍を意識して動かしているか
すずめちゅうちく （役交代＋両足跳び）	・足のばねを使って跳べているか ・拍に合わせて跳べているか ・跳びやすいテンポで歌えているか
くまさんくまさん （しぐさ・隊列）	・拍にのって動きができているか ・相手と楽しんで遊べているか

5　保育実践の計画づくり　**65**

ひやふやの （門くぐり）	・うたと歩き（拍）があっているか ・内緒話、決断がどの程度できているか
おつきさんなしゃほしゃ （声あて）　新曲	・友だちの声の聞き分け（音色）（仲間関係） ・1人で最後の♪ちりんからんぽて　が歌えるか（子どもによっては小さな声で助ける）
おくやまのおくの （鬼ごっこ）	・ぶつからずに大声を出さずに走って逃げられるか

その他のあそび	
やなぎのしたには	ジャンケン
どんどんばし（きつねが）	歩き
こどものけんかに	指あそび
ちんぷんかんぷん	鬼きめ

聞かせうた
おつきさん（なしゃほしゃ）…遊ぶ前にうたのみ紹介
いちもんめのいすけさん（カードを使って）
ねんねんころりよ…（秋の子守唄）

観点	
①　仲間関係　　運動発達 夏過ぎで、久しぶりに全員そろうので、改めて一人ひとりの運動発達を確認し、クラスの仲間関係を見る	②　拍感の認識　　聴く、歌う 拍を意識して動いているか（大人が見る） 聴きながら歌えているか
③　速い　遅いの意識化（2） すずめちゅうちく、どんどんばしを用いて意識化する。あそびの中でと視覚の助けなしで聞いて確認できるか	④　拍、フレーズの意識化（1） くまさん　くまさんで拍叩きフレーズで叩くところを変える。大人と交代で叩く、など

個人的配慮のために

　　S　　Fは楽しんで参加できることが目標

なまえ	拍	フレーズ	大小	速遅	なまえ	拍	フレーズ	大小	速遅
R	○	○	◎	○	G	◎	◎	◎	◎
T	○	○	◎	○	A	◎	◎	◎	○
N	○	○	○	○	M	○	○	○	○
H	△		○	△	I	○	△		
E	○	△			O	○	○	△	○
U	○	△	△		Y	○		○	△
D	○	○	△	○	S	気が向いた部分のみ参加			
J	○		○	○	F	Aが誘うと入れることもある			

＊実践案　9月4日

観点　仲間関係　運動発達（クラスで行う）

あそびうた	方法・配慮・観点・課題	記録
どんどんばし（きつねが	歌いながら、参加できるように促す	大体の片づけをしたところで始めると、S以外は入る。Sはパズルをしながら見ている。
こめこめこっちへこう（しぐさ）	円になり、お互いが見えるように	良く歌う。お互いの顔が見えて楽しそうに遊べている
すずめちゅうちく（両足跳び）	秋に田んぼにお米がなるとすずめが集まることを伝える。ぶつからないように、音がしないように跳ぶ	すずめをイメージしてか、足音にも気をつけて跳んでいる。ぶつかることもない。うたは数人が歌わないが、跳ぶのに集中している様子
ちんぷんかんぷん	鬼きめをし、役交代ですずめ〜を行う	Hにしてもらったが、夏前と違って、拍で移動できた
くまさんくまさん	久しぶりに会う子もいるので、2人組でテンポを合わせてあそぶ（一周する）	相手になった子と嬉しそうに行う。回るところも「Aちゃんは4歩できれいに回れている」と評価すると、他の子もふざけずに行えた
こどものけんかに	一周後にお互いの指を合わせて行う。2〜3回相手を変えて	指の順が安定しないのがFH。指先は合わせようとしている。相手の子も特に何も言わずに遊べている

聞かせうた：いちもんめのいすけさん（カードを使って3回繰り返す）

　　　カードがヒントになって、2回目には歌い出す子もいた。

全体として：久しぶりに全員でわらべうたを行ったが、楽しそうに遊べていた。Sは参加しなかったが、パズルをしながら、聴いている様子で、時々、あそびをみていた。徐々に誘って参加できるようにしていきたい。運動発達、仲間関係共に夏前より良くなっているのが感じられた。

＊実践案　9月25日

観点　拍・フレーズの意識化（1）

あそびうた	方法・配慮・観点・課題	記録
こめこめこっちへこう	歌いながら一重円になる	すぐに集まり、始められる。良く歌う
おつきさん（なしゃほしゃ）【新曲】	【新曲】の説明…2回歌う。3回目は最後の「ちりん　からん　ぽて」を子どもが歌う。あそび方の説明をして、鬼きめへ	初めてのうたで拍子も今までと異なるので、良く聴いていた。ちりんからん…を子どもが歌った後にスムーズに始められた。
ちんぷんかんぷん（鬼きめ）	やりたそうな子にしてもらう	Gが鬼きめをする。うたもしぐさもきれい。
おつきさんなしゃほしゃ声あて	あそびに入る	鬼になった子全員が声を当てる。友だちの声が分かってきている。気に入って繰り返し行った。
くまさんくまさん（しぐさ・隊列）	2人組になり、一周	しぐさを褒めながら行うと、全員良く聴きながら遊べた。
ひやふやの（門くぐり）	2人組のまま鬼決めで、門の子を決める。あそびの様子によって2回繰り返す。	大好きなあそびだけあって、張り切って遊ぶ。時々歌うのを忘れるので、声を掛ける。2回繰り返して遊んだ。

5　保育実践の計画づくり　　67

課題：【拍叩き…歩くように叩く】

１）♪くまさんくまさん　で

　　　①くまさん部分を大人が、しぐさの部分を子どもたちが歌う。

　　　②同じように大人と子どもの交代で歌う時に拍叩きする。歌う部分、叩く部分を交

　　　　代しても行う。

　　　③歌っていない時に拍たたきをする。

２）♪ひやふやの　で

　　　①人形２つ…交互唱（８拍交代）で聞かせる

　　　②人形Ａは歌う。Ｂは歌わずに動きのみ。Ｂの時に子どもが拍叩きをする

・年少児クラスから積み上げてきた年長児クラスでは、個人差はあっても音楽的な課題を
入れることが可能になってきます。特に夏休み以降の時期には知的な関心も高まって来る
ので、無理のない形で拍やリズム、音の性質を意識化することも良いでしょう。

　目的は遊びながら意識していくことにあるので、無理に教え込むことがないように、た
くさん歌って聞いて認識する機会を作っていきましょう。その為には大人の聞く力、歌う
力が必要です。大人自身が努力していきたいですね。

〔例３〕　実践案と記録　（異年齢混合クラス）20人　年長６　年中７　年少７

　　担任　１名　　副担任１名

＊10月

観点・課題　平衡感覚　大小（２回目）

あそびうた	方法・配慮・観点・課題	記録
いっぴきちゅう（隊列）	自立して前後に歩けるか。好きなあそびなので、課題として大小を入れてみる。	よく聴いて歌う。３回遊んだ後に、入る時に小さく、出る時に大きく歌う課題を入れた。良く聴いてできていた。
ちんぷんかんぷん（鬼きめ）	年長児にしてもらう	
ちょうちょかんこ（役交代）	特に年少児の歩きと手の動きを見る。年長児のうたを意識して聴く	概ねどの子も拍に合わせて歩けるようにバランスが取れるようになってきた。
かわのきしの【新曲】（役交代）	初めてのうたなので、２回聞かせる。あそびの最後で２人組になること、できるだけ年長児が年少児と組めるとよいことを伝える。	年長児が配慮して、年少児が２人になれないことがなかった。徐々に、誰とでも２人組になれればよいように様子を見ていく。
くまさんくまさん（しぐさ）	前曲の最後の２人組で２重円を作り、あそびに入る	片足の時にバランスを崩すのが年少児のRとM。良く歌えるようになってきた。
とんびとんび（複数の役交代）	一重円に戻り、年長児の子に鬼きめをして５人、中に入る人を出してもらう。	２回目のあそびで覚えているか心配だったが、良く覚えていた。うたを続けて歌うと、子どもたちもスムーズに交代し、うたにも流れができてきた。

＊　課題…大小

あそびの後に、座って行う

①モンシロチョウとアゲハチョウのペープサートで声の大きさを変えて 2 回歌う。

　（ちょうちょかんこ）　—　どう違ったかを聞く

②蝶々のペープサートに合わせて、子どもたちが大小で歌う

③年長児向けに…フレーズで蝶々を変え、大小で歌う。初めは 4 小節で交代、

　2 回目は 2 小節と 4 小節の混合で行ってみる。年中少児は聞いているのみ。

課題についての記録

　良く聴いて行えた。年長児はほぼできている。R も集中して反応していた。

　年中児もやりたそうな子がいたので、②に関しては年中長児で行った。年少児も大小を

聞き分けることはできていた。

＊ 1 月

観点　高低（3 回目）

あそびうた	方法・配慮・観点・課題	記録
たこたこあがれ（しぐさ）	奴凧、字凧を見せて 1 度歌う。その後 2 組に分かれて糸を引く人と凧になってあそぶ（交代も）その後大人が高低で歌い、聴いて感じたように飛んでもらう	正月明けということもあり、楽しんでしぐさをしていた。高低には良く反応し、自分の身体で高い低いを表現していた。年少児も反応が良かった。
いものにたの（鬼きめ）	年中児にしてもらう	S はうたに合わせてきちんとできていた。
おちゃをのみに（役交代）		年度末ということもあり、あそびは定着してきた。年少児の中に時々反対回りができない子がいるが、他の子どもたちは受け入れている。年長児ができないと「反対」と知らせている
かぼちゃがめをだして（ジャンケン）	二重輪でずれていくジャンケンができてきた。年少児の K、Y を見ていく	KY もジャンケンの部分はできている。順に指を開いていくのは難しい。
ねこかおう（隊列）	鳴き声の説明を少々（甘えてなく…高い声　怒る時…低いうなり声）いろいろな高さで鳴いてみる	買われる時にいろいろな高さの声を出していた。「高くてかわいい声だから」「低くてこわそうだから」などのことばも聞かれた。

　＊聞かせうた　雪やこんこ

観点についての記録

　あそびの中で、高低の表現を行っていた。聴いて理解するところまではいっている。次

回の計画に、年長児が大人と一緒に「開始音を変えて」歌えるかどうかの課題を計画して

みる。その時には「高い・低い」をことばでも認識できるように伝えていく。できれば「高・

中・低」の聞き分けもいれていく。

＊2月25日

観点・課題　音色（5回目）・仲間関係を見る

　お楽しみも含め、さまざまな音色を想い出すために「音あて」のテープ（日常の生活音、自然音をテープに取り、それぞれの音をイメージできる絵カードを取るようにしたもの）を音を聞いて、カードを取るあそびを、自由あそびが切れた時に始める。（順を変えたテープで2回行う）

あそびうた	方法・配慮・観点・課題	記録
てざらこざら（鬼きめ）		
つぶさんつぶさん（声あて）	友だちの声を聞き分けられるか	オニになった子全員が正解だった。交互唱も年少児の2～3人以外は歌える。
ひふみよ（いっかんおわった）（役交代）	春らしいうたであり、友だちと2人組にすぐなれるか、関係を見る。	特に課題は出さずに行ったが、スムーズに2人組になれた。
まめっちょ（門くぐり）	2人組のまま始める。予測してすぐに後ろにつくことができるか	楽しめていた。負けた方について跳ぶ方が楽しい様子。うたもよく歌えている。
おにやめずるいや（複数の役交代）唱え	てざらこざらで鬼きめして5人出してもらう。唱えが低くなりすぎないように注意する。	年少児のUは時々怒鳴るが「良く聴いて」と全体に言うと怒鳴るのを止める。できた時に褒めると嬉しそう。

課題

　最後に鬼になった子どもたちに　「豆の入った容器」「木魚（または積み木2個）」「ギロギロ（または洗濯板）」などそれぞれに特徴のある音が出るものを渡し、順に1人ずつ、好きなように伴奏をしてもらう。他の子どもたちは♪まめっちょ を少し小さめの声で歌い、伴奏の音の違いを聴く。初めにモデルとして大人が1回行ってもよい。

課題についての記録

　それぞれに伴奏をつけられた。同じリズムをつける子、ばらばらに音を入れる子など様々。「どの音が好きだった？」「どうして好きだと思った？」と質問すると、年長児は理由も含め、伴奏の入れ方、音色、大きさなど理由を言うことができていた。

　「何の音」のカードは取れなくても、分かっている子どもがほとんどだった。この後に散歩に行ったところ、今までは「車が来るから…」「自転車が来るから…」と大人が注意を促してたが、子どもたちから「自転車が来るみたいだから端に寄ろう」「水の音が聞こ

えるから、もうすぐだね」など音に関する会話が聞かれた。

・音色の違いの聞き分けは生活の中で「生活音」「自然音」からそのものや状況をイメージし、敏感に聞き分けて対処すること、感情を豊かにすることなどに繋がっていくことが目的です。この実践例からも、子どもたちの音に対する意識が広がったことが分かります。

6 わらべうた実践　Q＆A

　現場で実践を始められた方々は、具体的な疑問を持ち、不安や迷いが起こって来るようです。何人もの方々から、同じような質問を受けることがあります。そこで、これまでの章に書いたことと重複しますが、基本的なことを改めて記しておきたいと思います。

　それぞれに内容は異なりますが、共通して私たちが意識しておきたいのは、子どもの発達段階を確認すること。問題点にどのように関わるのが良いかを一人ひとりの事柄に沿って確認すること。課題、要求、評価（褒める・否定する共に）は関わりと共に具体的なことばで短く伝えることが大切です。また、その場でタイミングを逃さずに伝えることも意識しましょう。

Q　0歳児クラスです。こもりうたを歌ってもなかなか眠ってくれません。どのようにこもりうたを歌って寝かせたらよいのでしょう？

A　まずは、子どもが場所と人になれていくことが必要です。初めての人、初めての場所になれるまでは緊張を解くことが難しいのは子どもだけではありません。

　寝かしつけについて一言添えると、子どもを寝かしつける時には、かなりゆっくりのテンポ（子どもの寝息のテンポ）を感じて歌うとよいでしょう。そして「トントン」するのでなく、上から下に向けてゆっくり撫でて「気」を下ろすようにすると寝入りやすくなるようです。落ち着いた雰囲気を生み出したい時にも、自分自身が落ち着いて歌うことが大切です。

　入園前に、家でおんぶや抱っこで眠ってきた子どもは胸のあたりに人の気配を感じないと不安で眠れない場合もあります。まずは子どもが眠れることを信じることから始めましょう。眠ることは子ども自身がリラックスする行為です。

　次に私が今まで行ってみて有効だったことを記してみます。状況に応じて参考にしてください。

① 大人が「きっと眠れるよ」と信じること。「あと何分で次のことを…」「早く寝てくれないと困るわ…」などと思っていると不思議と子どもは眠らないものです。

② 光（日光、電気など）が顔に当たらないようにカーテン、もしくは衝立などで光

を遮る（日光や電気、電化製品の光、電子機器（音も）などは覚醒作用を働かせてしまうので気をつけましょう）

③ 子ども同士が隣り合わせでくっつきすぎないように空間を取る

④ 人の気配を感じられるように、ほんの少し子どもに覆いかぶさるようにして安心させる。

⑤ ゆっくりと小声で歌いながら胸、または背中を上から下にかけてゆっくり撫でる。

⑥ 子どもが慣れてきたら、胸の上に大人の手を置いてほんの少し圧をかけて子どもの寝息のテンポくらいで、ゆっくりこもりうたを歌う、子どもによっては手を触る、体のどこかに触れるなど。

　つまりは状況に応じて、こもりうたに、ほんの少しの「安心できる行為」を加えることです。

＋　　＋　　＋　　＋

Q 這い這いをさせるのに良いわらべうたがありますか？また、這わずにつかまり立ちをしてしまった子にどのように這い這いを促したらよいでしょう？

A 赤ちゃんは這い這いができるようになると、自分の意思で動き始めます。たくさん這うことをさせたいですね。「狭い家ではなかなか・・・」と考えられる方も、テーブルの下やソファーの間などを這えるように工夫してみるとよいでしょう。もちろん、保育園でもテーブルやベッドの下や棚の間を這う工夫もしたいですね。

　這うことは全身運動です。自分の視力を使って物と自分との距離を測り、ぶつからないように手足、体幹、すなわち全身を使って動くことになります。体力の続くかぎり行きたいところまで自分の身体全体を使って進み、達成感を味わう経験の第一歩ともいえます。這うことは立つ前に必要な運動ですが、立って歩くようになってからも大切です。2〜3歳になった子どもに腹這いをさせてみると片方の足しか蹴ることができない子、手のみの力で進もうとする子などが多くみられます。左右のバランスが整っていない、手か足のどちらかの力が弱い、ということが分かります。また這うこ

との苦手な子どもは転んだ時に手が出ず—いわゆる顔面制動で大けがをすることも少なくありません。

　大人が這う場合も、一番体力を要するのが腹這いです。腹這い、四つ這い（足の指を立てて這うのを六つ這いと言います）、高這いなどを比べてみるとどれだけ腹這いに体力を要し、全身を使っているかが分かるでしょう。

　保育室で走り回り始めた子どもに机や椅子を利用して、這う（腹這い・四つ這い・六つ這い・背這い・高這いなど）、歩く、渡る、跨ぐ、乗り越える、のぼる、おりるなどの運動を部屋の隅で行うのもよいでしょう。這う時には、指を伸ばして手のひら全体で体を支えているか、膝から下と足首が浮かずに使えているかを見てください。そんな時に♪71 どんどんばし（きつねが）に、行っている子どもの名前を入れて歌うと、楽しみが倍増すること請け合いです。

＋　　＋　　＋　　＋

Q 何度も繰り返しを要求してくる子どもがいて収拾がつかなくなってしまいます。どうしたらよいでしょう？

A １歳半〜２歳半くらいの時期に、同じあそびを何度も繰り返してやってほしいと要求してくる子どもがいます。私の経験で特に多かったのは ♪18 ふくすけさん のあそびです。このあそびは多人数を相手にはできないので、片足ずつ行うことにしています。なぜなら、もう１人来たとしても、もう一方の手で要求にこたえることができるからです。私の経験では、３〜40回くりかえして行ったこともありました。その子が満足するまで繰り返して行えるのが望ましいのですが、保育園ではそれもなかなかかなわないでしょう。子ども一人ひとりの状況と関係を判断したうえで決めるしかないのですが、４〜５回繰り返すうちに多くの子どもが待つ姿がみられるようになったら…もう１回（または２回）したら〜ちゃんと代わってよいかと前もって伝え、納得してもらうことが大切です。他のお友だちがすんだら、他の時にまたやってあげることをことばで伝えておきましょう。本人が納得してから代われるのが良いと思います。もちろん、約束したことを大人は守りましょう。普段からことばできちんと伝える関係、約束はきっと守ってやってくれるという大人への信頼関係ができていれば、発語の未熟なこの時期の子どもでも、ほとんどのことを理解してくれます。

＋　　＋　　＋　　＋

Q 鬼役の子どもが円に沿って歩けません。

A 子どもの発達段階、現状を観察してみましょう。年少児であれば円に沿って歩けなくて当然ですし、もし年長児であっても空間認知が未発達であれば無理な要求と言わざるを得ません。生活の中で、くぐる、避ける、跨ぐなどの自然運動（普段の生活で使う粗大運動）を沢山することで、空間認知が発達していきます。焦らずにどう変化していくか見守っていきましょう。

＋　　＋　　＋　　＋

Q きれいな円を作って歩けません。

A 大人でも大人数できれいに円を保ちながら歩くことは、たやすいことではありません。参加者が円全体の大きさ・形をイメージできていること、そのあそびに合った人数であること、空間と個々の関係が把握できていること、十分に空間があることがきれいな円で歩くためには必要です。

年長児で円の大きさを意識できるようになってくると「もう少し後ろに下がろうよ」「もっと大きくしよう」などと声を掛ける子どもも出てきます。それまでは、大人は「きれいに」という抽象的なことばで要求するのでなく「歩きにくくなってきたからもう１歩後ろに下がろうか」「歩く時に自分の前にいるお友だちの頭を見て歩いてごらん」などと、なるべく具体的なことばかけをするとよいでしょう。

真ん中に鬼がいる場合などは、周りの子どもは鬼の子どもを意識して見ていますから円が小さくなる、中に入ってきて円がぐちゃぐちゃになるのは当然です。

＋　　＋　　＋　　＋

Q 役交代のあそびで、鬼役の子が同じ子とばかり代わっていてみんなが面白くなくなってしまいます。

A その子ども同士はきっと仲が良いのですね。そのことを認めてあげるのもよいと思います。その上で「他のお友だちとも代われるといいわね」とさり気なく言ってみてはどうでしょう。他の子どもと代われた時には「上手に代われたね」とさり気なく褒めましょう。仲間関係が拡がってくれば、交代する仲間も増えてくると思います。

Q 立っていられない、隣の子を引っ張ってしまう子をどうしたらよいでしょう。

A きっと、じっと立っているために必要な平衡感覚や腹筋、背筋といった体幹が弱いのだと思います。室内あそびの中で「這うあそび」を沢山するとよいでしょう。（這い這いについてのQ＆A参照）這うあそびは外で走り回るよりずっと体力を使いますし、身体の基本を作るにはお勧めです。隣にしっかりと立てる子、ふざけられても一緒に乗らない子に来てもらうのも「支え」になると思います。きちんと立てている時、隣の子を引っ張らずに遊べている時に、具体的に褒めることばを忘れないように。きっと「これがいいのだな」と分かってくると思います。

+　　+　　+　　+

Q 目立ちたいためにわざと転ぶ子がいます。

A わざとしていることが分かったなら、転ばないように歩くことを伝え、後はあえて関わらないことです。もしくは「あなたたちの年齢なら転ばずに歩けると思うわ」とことばで知らせるのと、私はあなたたちならできると信じているのよ、というメッセージを伝えていきたいですね。

+　　+　　+　　+

Q なかなか歌わないのですが…

A 子どもによって聴覚、記憶力などの発達速度はまちまちです。すぐに覚えて歌い出す子、自信がつかないと歌い出さない子など…一律にはいきません。上手に声を出して歌っている子を褒める、また「聴くこと」を要求していきましょう。大人も声を出すだけでなく、子どもの声をよく聴いてみましょう。歌うことの半分は聴くことです。大人が大きな声で歌い過ぎると、子どもは自分が「歌わなくてもよい」と感じてしまうようです。声が揃ってきれいだな、と思った瞬間があったら、ことばで伝えてみましょう。きっと子どもも聴きたいと思って耳を澄まして歌うようになるでしょう。

+　　+　　+　　+

Q 大人の声が低くなってしまいます。どうしたらよいでしょう？

A 日常的に歌い始めの音を意識なさるとよいでしょう。わらべうたあそびは楽器を用いずに声のみで行うあそびなので、基本的には楽器は使いません。ですが、子どもの前でなければ大人が意識するためにピアノや楽器で初めの音を出して聞いておく、音叉から初めの音を取って出して見るなどの練習をお勧めします。

　もし、低い音で歌い始めてしまったら、子どもの声をよく聞いてご自分は少し小さな声で歌ってみて下さい。繰り返し歌う中で、子どもの誰かが「歌いやすい音程」で歌い始めることがあります。大抵は大人より高い音（キイ）で歌い始めます。その時が子どものキイの高さに変えるチャンスです。大人こそ「聴く」ことが大切だと思います。

＋　　＋　　＋　　＋

Q ついつい小言が多くなってしまいがちなのですが…

A 勉強会などで大人だけで遊んだ時のイメージを持たれているのではないでしょうか？　子どもは初めから大人のようには遊べません。まずは全体の形が美しくなることやできない子どもを気にするのではなく、子どもの表情を見て、声を聴いてみてください。例えば、きちんと立っていられなくても歌って楽しく遊んでいる子どももいるはずです。

　わらべうたは楽しくなければ行う意味がない、と私は考えます。友だちと一緒に遊ぶ楽しさがあってこそ、お互いの声を聴き合い、役の交代や歩き方に注目し…楽しさをより深く自分のものにしていくことができるのです。大人からの小言を常に耳にしていたら、自分の楽しさを受けとめられずに満足感も得られず、ふざけて目立つことを求めてしまうかもしれません。要求はできるだけ短いことばで分かりやすく、褒めるのもその時に具体的なことばで伝えるように心がけましょう。

＋　　＋　　＋　　＋

Q わらべうたは何回くらい繰り返したらよいでしょう？

A 回数は決められません。けれども繰り返し歌ってあそぶことが前提です。何回か繰

6　わらべうた実践　Q & A　77

り返して歌い、遊ぶうちに「あそびが温まってくる」という感じを持つことができます。子どもが乗ってきたとでもいうのでしょうか。1回ごとに休んでおしゃべりをするより、うたのリズムが流れるようになると、子どももリズムに乗ってあそびが上手になっていく様子が見られます。止めるタイミングもやはり子どもの表情、歌い方、体の動きから、一緒にいる大人だけが決められることです。

+ + + +

Q 役交代のあそびを終わろうとすると「まだやっていない」という声が上がります。全員が鬼になるまで行った方が良いでしょうか?

A もしあなたが子どもの様子を観て、そろそろやめないと飽きて来たな、と思われたら次のあそびに移った方が良いでしょう。「残念だったわね」「この次の時に鬼になれるといいわね」「私にも鬼が回ってこなかったわ」「次の時には〜ちゃんから鬼になってもらうように覚えておくわね」…など、子どもによってことばを掛けて次のあそびに移ると良いでしょう。次のあそびが楽しければ、きっとその子も次のあそびに集中すると思います。ただし、もし約束したなら、次回に守れるように大人は覚えておきましょうね。

+ + + +

Q 子どもが「悪口うた」を盛んに歌います。どうしたらよいでしょう?

A 「悪口を言わない」「からかわない」と「言葉狩り」をしてしまうと、言う気持ち、言われる気持ちの両方に経験がないために、他人の気持ちを察することが苦手になってしまいかねません。その結果、悪口が個人攻撃になってしまうこともあるように思えます。「悪口うた」は個人攻撃ではなく「言われて嫌な思いをしたから同じ状況を見つけたら、その時には自分が歌ってやろう」と、誰もが歌え、誰もが歌われてしまう、という決まった形を持ったものなのです。

　それを踏まえたうえで、子ども同士の様子を観察する必要があるでしょう。度が過ぎていると思えば大人が介入する必要があります。同じ子ばかりがターゲットになる場合は、原因を大人が解明し、大人の意見をきちんと子どもたちに伝える必要があるでしょう。「悪口うた」を歌わないことで解決できるのかどうか、子ども同士の様子

を保育全体、生活全体の中で観て確かめる必要があると思います。

「悪口うた」を楽しむことのできる関係なのか、もっと深い問題が潜んでいるのか
は、子どもたちの身近にいる大人だけが見極められることです。「悪口うた」はこと
ばの意味や語呂を楽しめるようになっているからこそ、感情の発露として役立つうた
とも言えます。基本的には小学生の高学年の子どもたちが、ことばのあそびうたの1
つとして歌い伝承してきたものですから、大人が幼児期にあそびとして扱うのは考え
物だと私は思います。

＋　　　＋　　　＋　　　＋

Q 自分が習ってきたうたと先輩が歌っているうたのメロディが違っています。どうし
たらよいでしょう。

A まずはそのうたをどのように覚えたか、どの資料から覚えたかなどをお互いに確か
めてみましょう。同じ資料であれば、一緒に楽譜を確認すればよいでしょう。別の場
所や違う資料で覚えたならば、この園ではどのうたを使うか話し合って決めてくださ
い。似たわらべうたを歌い続けると子どもが混乱するので、同じメロディ、同じ歌詞
で歌われることをお勧めします。

もし、子どもたちが既に覚えていたら、そのうたを採用するのもよいでしょうし、
別のうたを採用することになったなら、暫くそのあそびを遊ばないように時間を空け
るとよいでしょう。改めて子どもたちとあそぶ時には「今まで歌ってきたわらべうた
のメロディ（ことば）と少し違うところがあるから良く聞いてね」と意識して聴くこ
とから始めるとよいと思います。

＋　　　＋　　　＋　　　＋

Q 何人くらいで始めたらよいでしょう？

A 2歳児クラス（2～3歳）で初めて集団のあそびを行う場合は、数人から行います。
年少児で行うなら、まずは自由参加（自分が参加したいと思ったら参加する形）で行い、
一列で歩くわらべうた、しぐさあそびから始めるとよいでしょう。徐々にクラス全員
で（15～6人から28人くらいが現状）で行えるように見通しを持って始めること
も大切です。クラスの子どもたちの粗大運動の発達をよく観て子どもたちの様子に応

じて、人数を決めましょう。

　年少児〜年長児の混合クラスであれば、年上の子どもたちがリードできるのでクラス全員でも始められます。

　上手くいかない理由は、人数が適当でないということからだけではありません。あそびが子どもたちの水準に合っているか、空間が充分か（狭すぎても広すぎても上手くいきません）、時間帯が適当か…など総合的に検討してみるとよいでしょう。

＋　　＋　　＋　　＋

Q　同じところでうたの音が違ってしまいます。

A　うたが子どもにとって難しすぎる場合もあります。また、選んだわらべうたが自分たちとは違う地域で伝承されたために、普段のイントネーションと違っていて音が取りにくく、歌いにくいことも考えられます。

　その場合は別のわらべうたで、同じあそびの形のものを選んでみるとよいでしょう。

＋　　＋　　＋　　＋

Q　音楽の観点を扱うときの方法を教えてください。

A　「拍」を感じているかどうかはまず、歩き方やしぐさで判断できます。ただし、体幹の弱い子ども、うたが充分に歌えるようになっていない場合は、歩き方もしぐさも不安定になりますから、普段の子どもの様子から判断してください。
「大きさ」「音高の違い」の課題を出す場合には、あそびの中で感じられる方法があるか、またはあそびとは別に課題を取り出して意識化するのかを決める必要があります。あそびの中で的確な課題が出せるなら、子どもにとっては自然に声へ意識を向けることが出来る良い機会となるでしょう。別の形で取り出して意識化するには、素で歌う、物を使う、人形を使うなどの方法があります。物や人形を使用するなら、２体使って歌い、子どもが視覚的にどちらの人形がどうだったか（例えば…女の子が高い声・お父さんが低い声　など）を応えられるようにするのもよいでしょう。

その他に課題を出す時に使える遊戯的方法のヒントとして…
・大小　「こだま」「うさぎとくまの人形での会話・うたなどを特徴ある動物や人間の

人形を使って聞かせる」など。

・高低　「鳥と動物の会話で声の違いを表す」「女性と男性の人形で同じ歌を高低で歌う」など。

・速い　遅い「かめとうさぎの会話・うた」「同じ歌を、速さを変えて繰り返して歌う…♪きゃあろのめだまに―遅い（おじいさん蛙）、普通（お母さん蛙）、速い（子どもの蛙）など（実践案参照）をヒントに工夫されるとよいでしょう。もし、２つの人形を使って違いを表すなら、歌う（話す）方の人形のみを動かすようにします。２つ同時に動かすと、どちらが歌って（話して）いるか分からなくなるので気をつけましょう。

・人形劇とは違うので、基本的には分かりやすく拍で動かすのが基本です。

・使っている人形が斜めにならないように気をつけましょう。また、人形の歩幅を意識して動かすことも大切です。単なる「しるし」でなく、話しかける、歌いかける人形として使い手が気をつけるとよいでしょう。

7 わらべうたの楽譜を読むための基礎知識

　わらべうたは子どもたちが耳で聞き、歌って遊ぶことによって伝承されてきました。そして長い間、文字や楽譜には記録されてきませんでした。今、私たちが学べるわらべうたの多くは、各地で伝承されてきたうたをさまざまな人たちが集め、楽譜や文字にしたものです。

　わらべうたにはことばとリズムのみ決まっている唱え（♪ **1 はなちゃんりんごを** など）とメロディのついたうた（♪ **147 なべなべそこぬけ** など）があります。

　うたを視覚的に表現するためには、音の長さと音の関係を表す必要があります。音の長さを表すには、現在使われている4分音符（♩）、8分音符（♪）などのリズム表記の方法を利用するのが便利です。本書でもわらべうたをこのような表記がなされている楽譜で紹介しています。

　わらべうたの楽譜を読むために、音楽の基礎を確認していきましょう。

「拍」と「リズム」

　わらべうたの音楽は、時間的進行を表す「拍とリズム」と歌詞が基本です。音の動きが決まっている「メロディ（旋律）」を伴うものも多くありますが、まずは、時間的進行を表す方法、「拍とリズム」から見ていきましょう。

● 拍と拍子

　「拍」は等間隔の時間で刻まれる単位のことを言います。わらべうたのほとんどは、歩きの一歩、しぐさの一動作を基本単位の1拍とし、4分音符が1拍となっています。幼児と拍を意識する時には「歩くように叩く」ということばで伝えると、分かりやすいようです。

　拍の流れの中に、一定の強弱が規則正しく反復することを「拍子」とよびます。日本のわらべうたの場合、強弱よりは歩行やしぐさの左右の揺れなどによる2拍のまとまりを1つの拍子と考えています。したがって、わらべうたの主な拍子は4分の2拍子、4分の4拍子です。

　4分の2拍子は（$\frac{2}{4}$）のように書きます。分子の2は2拍子を意味し、分母の4は4分

音符（♪）を1拍の単位としていることを表しています。2分の2拍子の場合は2分音符
（♩）を1拍として数えます。拍子をはっきり表すために拍子記号とは別に縦の線を書き
ます。この線を小節線と呼びます。

☆　次の曲を練習し、拍の確認をしてみましょう。

♪81 どのこがよいこ の拍を叩きましょう。拍叩きの音は、時計の秒針の様に一定で、わ
らべうたのしぐさ～鬼きめをする指が相手の手に当たる時と一致します。拍叩きの音が、
印（×）のシラブル（音節）と一致していることをよく聞きながら歌いましょう。

　　ど　の　こ　が　よ　い　こ　　　　この　こ　が　よ　い　こ
　　×　　×　　×　　×　　×　　×　　　　×　　×

♪25 おふねがぎっちらこ の歌詞を書いて拍の位置に印（×）をつけ、拍叩きしながら歌
いましょう。舟こぎの動きが拍と同じになります。

　　おふねが　ぎっちらこ　ぎっちらこ　ぎっちらこ　せんぞうや　まんぞうぞ
　　×　×　×　　×　×　　×　×　　×　×　　×　×　　×

♪98 ひふみよ（いっかんおわった） の歌詞を書いて拍の位置に印（×）をつけ、拍叩き
しながら歌いましょう。足の動きが拍と同じになります。

　　ひふみよ　よものけしきを　はるとながめて　ほほけきょと　おっしゃった　～
　　××××　××　×　×　　××　×　×　　××　×　×　×　×　　×

♪116 ひらいたひらいた を拍叩きしながら歌いましょう。

　　ひ　　らいた　ひ　らいた　　　な　んのは　なが　ひ　らいた　　～
　　×　×　×　×　×　×　×　×　　×　×　×　×　×　　×　×　×　　×

7　わらべうたの楽譜を読むための基礎知識　83

● リズム

　拍の中に刻まれたことばの動き、音の刻みを「リズム」と呼びます。したがって、拍とリズムは別のものです。幼児、学童の低学年にリズムを意識化する時には、「歌うように叩く」という言い方で伝えるとよいでしょう。音符の長さを歌うことを「リズム唱」と言います。

　音の長さ（ことばの長さ）を表すためには長短の長さを示す決まりが必要になります。わらべうたで、拍の基本となっているのは4分音符ですが、4分音符とは「4つに分けた音符」と書くとおり、「全音符」（○長さは4つ伸ばします）を4つに分けたという意味です。

　この全音符は、下記の【音符・休符（音の長さの表し方）】の表の一番上にある「まる」だけの音符です。これを2つに分けると2分音符、4÷2で2つ伸ばす音符となります。全音符を4つに分けると4分音符で長さは1つ、8つに分けると8分音符で、長さは半分、16に分けると16分音符で長さは4分の1というわけです。

　1つ以下の長さは「はた」で示します。はたが多くなるほど短くなります。同じはたの数の音が続く場合は横線でつなぎ、横線の数で書き表すことが出来ます。わらべうたの音符はほとんどがここまでの長さで記譜できると言えます。休みに関しても同じように考えて、表にある形を確認してください。

【音符・休符（音の長さの表し方）】

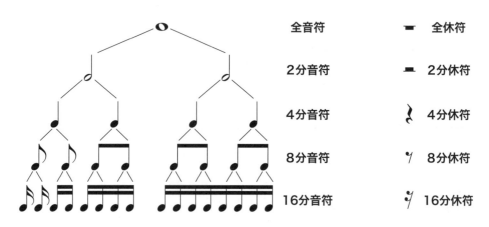

・付点はもとの音符の半分を加える印（例： ♩. = ♩ + ♪）

☆　次の曲を練習し、リズムの確認をしてみましょう。

♪ **25 おふねがぎっちらこ** のリズムを叩きましょう。リズム叩きの音はことばのシラブルと一致しています。ことばを歌うように叩きます。シラブルの発音と同時に手を叩いてみましょう。但し『ぎっ（ツメル音、実際には聞こえない）ちらこ』『せん（ハネル音）ぞう（引ク音）や』の下線のシラブル（ことばの特殊拍）は叩きません。ゆっくりのテンポで良く聞きながら叩きましょう。（但し、旋律があってことばの特殊拍とその前の音が違う音高の場合はリズム叩きします。例：♪ **75 たこたこあがれ**）

```
・ ・ ・  ・  ・ ・ ・   ・ ・ ・   ・ ・ ・
おふね が  ぎっちらこ   ぎっちらこ   ぎっちらこ
```

```
・ ・ ・   ・ ・ ・
せんぞうや   まんぞうぞ    （リズム叩きの音・・・）
```

♪ **115 いもむしごろごろ** のリズムを叩きましょう。歌詞を書いてリズム叩きの位置に印（・）をつけましょう。その歌詞には「ツメル音」「ハネル音」「引ク音」がありますか。

```
・ ・ ・ ・   ・ ・ ・      ・      ・ ・ ・ ・ ・
いもむし  ごろごろ      ひょう   た ん  ぽっくりこ
```
下線＝引ク音、ハネル音、ツメル音

● リズム譜

　リズムが書けると、音が決まっていない唱えのうたは、リズムとことばで表すことが出来ます。これがリズム譜です。♪ **81 どのこがよいこ** などがこれに当たります。それぞれのイントネーションで歌えばよい楽譜です。音程のない楽譜のため、音符の「たま」がありませんが、「はた」のついた棒は８分音符、「はた」のない棒は４分音符を表しています。

```
2
4
どのこが　よいこ　　このこが　よいこ
```

7 わらべうたの楽譜を読むための基礎知識　　**85**

● リズム唱

リズムだけを意識するための方法として、音符の長さを歌うことをリズム唱と言います。

【リズム唱（音符の長さを言い表す方法）】

音符／休符の記譜と呼び名		リズム唱の一例
♩	2分音符	**ターアー**
♩	4分音符	**ター**
♪（♫）	8分音符	**チ（チチ）**
♩.	付点4分音符	**ターン**
♪ ♩ ♪	シンコペーション	**チターチ**
♪.	付点8分音符	**チーィ**
♪（♬）	16分音符	**リ（リリ）**
𝄽	4分休符	**キュウ**
𝄾	8分休符	**ハン**

その他のリズム唱の例

♩. ♪	**ターンチ**
♪. ♪（♫.）	**チーィリ**
𝄾 ♪	**ハンチ**

☆　上の表のリズムの読み方を確認し、次の曲を練習してみましょう。

♪**70 きりすちょん** をリズム唱で歌いましょう。拍とは違って、リズム叩きの音には色々な長さがあります。リズム叩きの音が出るところは印（・・）、拍叩きの音は印（×）です。「ちゃ」「ちゅ」「ちょ」「きゃ」「きゅ」「きょ」等はそれぞれ1つのシラブルとして扱います。


```
・  ・ ・        ・ ・  ・ ・  ・ ・  ・
き りす ちょん   こど もに とら れて あほ らし ちょん
×  ×  ×   ×   ×  ×   ×  ×   ×  ×   ×   ×
```


「き　りす」の長さは「長い短い - 短い」です。そのリズムを4分音符と8分音符で表します。4分音符は8分音符2個分（♩＝♪＋♪）で、リズム唱は「ターチチ」になります。拍があってことばが無いところは4分休符（𝄽）「キュウ」です。

リズム唱は「ターチチターキュウ　チチチチ　チチチチ　チチチチターキュウ」となります。「チチ」を2個分固まっていると意識しすぎないように気を付け、遊びながら歌っている時の言葉のようにリズム唱しましょう。

♪ **63 あずきちょまめっちょ** をリズム叩きや拍叩きしながらリズム唱で歌いましょう。

「チチチチ　チチター　チターチ　チリリター」

♪ **92 ずくぼんじょ** をリズム叩きや拍叩きしながらリズム唱で歌いましょう。

「ターンチターター　チチターターキュウ　タ―ターチターチ　チチチチターキュウ」

こらさ<u>い</u>＝添える音

フレーズ

　音のまとまりを表す区切りをフレーズ（楽句）と呼びます。本来、音楽の自然なまとまりを表すことばですが、わらべうたの場合は主に歌詞のことばのまとまりで区切れる単位をフレーズと呼びます。上記の♪**あずきちょまめちょ**・♪**ずくぼんじょ**はそれぞれ2つのフレーズから成っています。

音階と音の名前

■ 音の関係を表す階名

音が決まっている「メロディのある」うたに関してはこのリズムに音と音の関係を表す必要があります。

現在の私たちが使っている音表記の方法では、音と音の関係を書くには、「ドレミファソラティ（シ）ド'」（ド'の'は上のドであることを示します）を使うのが一般的です。これは低い音から高い音への変化の階段（順番）を表す呼び方であることから「階名」と名付けられています。音と音の関係を表す方法です。

階名をアルファベット文字で表記すると、d r m f s l s（シ）d' となり、「s」が2つになるため、ドの隣の「シ」をティと呼ぶ方が混乱しないという意味でドレミファソラティ（表記 d r m f s l t）という呼び方を採用します。また、♭♯♮がついても階名があります。例えば、ソを半音上げる音「♯ソ」をシ（si）と呼び、ミを半音下げる音「♭ミ」をマ（ma）と呼びます。

このドレミファソラティ（シ）ド'の音と音の幅は次のように決まっています。

ド〜レは全音

レ〜ミは全音

ミ〜ファは半音

ファ〜ソは全音

ソ〜ラは全音

ラ〜ティは全音

ティ〜ド'は半音

お気づきのとおり、2箇所に半音があります。2箇所で音の階段の幅が違うことになります。全音は半音2つ分と同じです。この階段の幅を守れば、どの高さでも「ドレミ…」と言う音階を歌うことが出来ます。

● わらべうたの音階

　この音の階段「階名」ドレミファソラティド'で、子どもたちが歌い遊んできたわらべうたを書き出してみると、ほとんどのわらべうたは、半音の入らない5つの音でできあがっていることがわかります。

　「ドレミソラ」または「ソ, ラ, ドレミ」に納まる5音です。（ソ, ラ, などの右下にある「,」はドより下の音を表す印です。）このような5つの音のことを5音音階（ペンタトニック）と呼びます。別の言い方で「陽類」とも呼びます。

　学童期のうたになると、この5音以外に、ファ（f）やティ（t）などの音、変化記号（♯♭♮）のついた♭ミ（マ…ma）や♯ド（ディ…di）などの音が出てくる曲もあります。陽類には半音がありませんが、これらのうたにはミ〜ファやティ〜ド'などの半音があります。音の並びとしてはミファラティド'（m f l t d'）の5音音階で「陰類」と呼びます。わらべうたの旋律中の全音が半音に変化して陰類が発生したと考えられます。

　沖縄には陽類のわらべうたの他に、ド（レ）ミファソティの5音音階のわらべうたが見られます。この5音音階を「琉球類」と呼びます。

【日本の旋律の音階】

陽類　　ソ, ラ, ドレミ ソ
　　＝（わらべうたの5音音階）
陰類　　ミファ ラティド' ミ'
琉球類　ド（レ）ミファソ ティド'

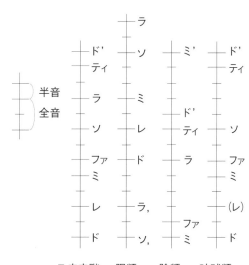

7音音階　陽類　　陰類　琉球類
　　　　（わらべうたの
　　　　　5音音階）

● ハンドサイン

　音の関係を目の前で示す方法には、ハンドサインが使われます。

　ハンドサインとは手で階名を表す方法です。手の形でドレミ…を、手の位置で音の高低を表します。手を動かす速さによって、空中で簡単なリズムを示すこともできます。手は次のような形を用いて行います。

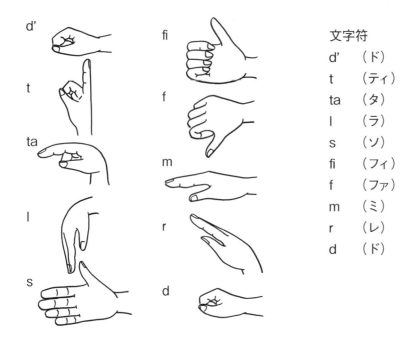

文字符	
d'	(ド)
t	(ティ)
ta	(タ)
l	(ラ)
s	(ソ)
fi	(フィ)
f	(ファ)
m	(ミ)
r	(レ)
d	(ド)

　リーダーが開始音をハミングで出すことによって、複数の人たちが同じように歌うことが可能になります。曲は音の高低の動きであるメロディ（旋律）と時間的進行を表すリズムから成り立っていますので、それをハンドサインで示す場合、リーダーは音が変わるより、ほんの少しだけ早めに次の音を表すとよいでしょう。

文字譜

　うたを表す楽譜の1つに、リズムと音の関係が分かる「文字譜」があります。文字譜はリズムと階名（音）を文字であらわした楽譜です。拍子、音の長さ（音符・休符）、音（階名）、歌詞は表記されていますが、歌う時の音の高さの指定はありません。

　日本語の文字表記ではそのまま「ド レ ミ…」と記しますが、書きやすく、国際的に共有できる方法として、「do re mi fa so la ti」の頭文字「d r m f s l t」を使用します。基準となる「d r m f s l t」より高い音には右上に「'」を付け、低い音には右下に「,」を付けます。

☆　次の曲を練習して、文字譜の読み書きを確認しましょう。

♪75 たこたこあがれ を階名で歌い、文字譜で書いてみましょう。

日本のわらべうたには「なべなべ」「たこたこ」の様に高低の言葉のイントネーションが旋律化したと考えられる部分があります。また、このような高い音と低い音だけでできているわらべうたが存在します。ゆっくりハミングして高低を探し、音高の線を描いてみましょう。この旋律の高い音は「レ」低い音は「ド」です。モチーフ全体の音高を思い浮かべ、言葉と階名唱が一致しているかをよく聞きながら、ゆっくり歌いましょう。レ-ドの音程（音と音の幅）は全音（長2度）です。

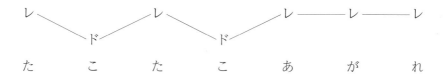

♪97 おつきさんこんばんは をハンドサインで音を示しながら歌いましょう。ハンドサインは発声よりほんの少し早めに示しその音高をイメージします。

● 移動ド唱法

　文字譜では階名とリズムのみしるされており、歌う「音の高さ」は指定されませんので、好きな音の高さで歌えばよい楽譜です。例えば、「ドドミソラ〜」と歌うとき、そのメロディは同じでも、人によって歌う高さが違うことがあって良い楽譜です。

　さらに確認してみましょう。まず自分の気に入ったうたを1つ選んで、好きな高さで歌ってみてください。次にもう少し高めの音で同じ曲を歌ってみてください。そして次は少し低めの音でも歌ってみましょう。やはり、高さを変えて歌っても　同じ曲に聞こえるでしょう。これは同じメロディを歌ったからです。言い方を変えると「音と音の関係を変えずに歌った」からです。メロディ（音と音の関係）を変えずにうたの初めの音（開始音）を高く、または低く変えて歌うことを「移動ド唱法」といいます。

音名と階名

　音の呼び方には2種類あります。1つは、これまでわらべうたの音構成で見てきた「音と音の関係（並び順）」を表す呼び方、もう1つは「実音の高さ」を表す呼び方です。「音と音の関係」を表す呼び方を「階名」、「音の高さ」を表す呼び方を「音名」といいます。

　ここでいう「音の高さ」というのは音の絶対的な高さのことをいいます。ヘルツという単位を聞いたことはあるでしょうか？　例えば、テレビやラジオで時刻を知らせる時報の音は440ヘルツです。この440ヘルツという高さは、誰がどこでどんな機材を通して聞いても同じ高さです。この音の高さは、五線譜で表すと「イ（A）」の音になります。

　私たちがよく使う「ドレミファソラシ」という呼び方は、実は、階名と音名の両方を混合して使っていることが多いのですが、音名は「絶対的な音の高さ」を表し、階名は「相対的な音の高さ」を表します。

　「階名」と「音名」の違いを理解するため、音高をヘ（F）＝ド　ト（G）＝ド　に指定した **♪147 なべなべそこぬけ** の楽譜を例として挙げてみます。2つの楽譜では、実音の高さが違うので音名が変わっていますが、階名は同じです。

● 音の高さについた名前「音名」

「音名」は音の高さを示す呼び方です。

日本の音名の呼び方は　ハ　ニ　ホ　ヘ　ト　イ　ロ
ドイツ音名では　　　　C　D　E　F　G　A　H
　　　　　　　　　　ツェー デー エー エフ ゲー アー ハー

となります。(「音名」の呼び方は国によって異なります。混乱を生じる原因でもあるので、ここでは日本音名とドイツ音名のみを用いています。)

五線譜で表すと次のようになります。「イ（Ȧ）」の音は440ヘルツ、時報のポポポという高さです。それぞれの音の高さに名前が決められています。音と音の間隔は「全音　全音　半音　全音　全音　全音　半音」の並びになります。

楽器同士、一緒に演奏するためには音の高さを合わせる必要があります。このために、実際の音（実音）を表す「音名」が必要になるのです。

「音名」のそれぞれの音の幅も「階名」と同様に決まっています。再度確認すると、五線譜でも分かるように

　　ハ（C）〜ニ（D）全音
　　ニ（D）〜ホ（E）全音
　　ホ（E）〜ヘ（F）半音
　　ヘ（F）〜ト（G）全音
　　ト（G）〜イ（A）全音
　　イ（A）〜ロ（H）全音
　　ロ（H）〜ハ（C）半音

の並びが決まっています。この音の幅は階名の並び順　全音　全音　半音　全音　全音　全音　半音　と同じです。

これらの音は1オクターブ（例えば「ハ（C）」の音を鳴らしたとき、1つ高い「ハ（C）」

7 わらべうたの楽譜を読むための基礎知識

までの音程)の音の幅を12に分けたものが半音になります。「半音」と言われるホ〜ヘ（E〜F）とロ〜ハ((H〜C)の音の間隔です。この半音が2つで全音の幅になります。全音の幅はハ（C）〜ニ（D）やニ（D）〜ホ（E）の音の幅と同じです。

例えば、多くの人がイメージしやすいピアノの鍵盤で説明すると、ホ（E）〜ヘ（F）とロ（H）〜ハ（C）（半音）の間に黒鍵はありませんが、ハ〜ニ（C〜D）やニ〜ホ（D〜E）、ヘ〜ト（F〜G）、ト〜イ（G〜A）、イ〜ロ（A〜H）（全音）の間には半音の黒鍵があります。隣り合った音が半音の幅ですから、間に黒鍵がある白鍵同士、または間に白鍵を含む黒鍵同士は全音になります。

● 音階を表す

これまでに、階名の並び順「音と音の関係幅」も音名の並び順「音と音の関係幅」も決まっていることを確認しました。

ハ音（C）をドとして音階を並べてみると、隣り合った音と音の幅の順が同じなので、そのまま音符を五線譜に書くと音階として成立します。五線譜を表すと次のようになります。

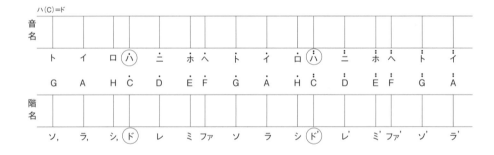

上の音名の線と下の階名の線の位置がすべて一致しています。これはハ（C）から順に歌ったり楽器を弾いたりしても元の並び（ピアノで言えば白鍵のみ）で音階を弾くことが出来るということになります。

もし、別の高さから歌ったら音名の幅と階名の幅がずれる場所が出てきます。それを調整して、音階の「全　全　半　全　全　全　半」の音の並びに正してドレミ…の音幅の順にしなくてはなりません。そのためには半音上げる印や、半音下げる印を使って全音の間にある半音へ調整することになります。その印は次のようなものです。

♯（シャープ　嬰記号）…半音上げる記号

♭（フラット　変記号）…半音下げる記号

このような記号を変化記号と言います。変化記号の中には♭や♯を元に戻す印ナチュラ

ル（♮）もあります。

　例えばト＝G音からドレミファソラティド'の音階を始めると、全音、半音の関係がずれるところが第6音（ホ＝E）と第7音（ヘ＝F）ラティ（l t）の幅と第7音（ヘ＝F）と第8音（ト＝G）ティド'（t d'）の幅に出てきます。その場合、音階の幅（全音と半音の関係）を正すために幅が狭かったホ〜ヘ（E〜F）のヘ（F）に臨時記号の♯（シャープ　嬰記号）をつけて幅を広げると、ヘ〜ト（F〜G）の幅も全音から半音へ変化し、音階の幅に合致することになります。

　ヘ（F）音からドレミファソラティド'の音階を始めると、やはり全音、半音の関係がずれてきます。今度は第3音（イ＝A）と第4音（ロ＝H）が本来、半音であるはずのミファなのに、イ（A）とロ（H）の全音の幅に当たってしまいます。ですから半音下げる印♭（フラット　変記号）をつけて幅を狭く半音に調整します。すると第4音と第5音の幅も調整されてくるというわけです。

　下の図は、音階と階名の関係性を表した図です、斜線と矢印の部分が上げる、下げる調整をした部分になります。

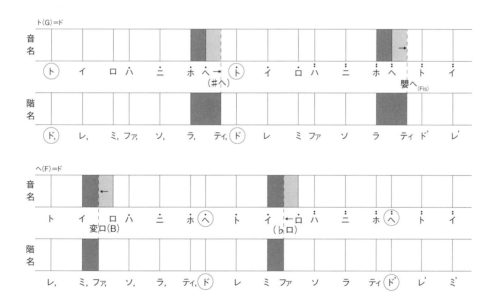

　ト（G）＝d（ド）の場合、t（シ）にするために半音上げる印をつけた「♯ヘ」を「嬰ヘ」（Fis）と呼びます。

　ヘ（F）＝d（ド）の場合、f（ファ）にするために半音下げる印をつけた「♭ロ」を「変ロ」（B）この音だけはesをつけるのでなく呼び方が変わります。

7　わらべうたの楽譜を読むための基礎知識　　95

● 五線譜

　上で確認した図をあらためて確認しましょう。五線譜とは、音部記号（この本ではト音記号）を書くことによって、音の高さを規定する楽譜です。

　音の関係を表す「階名」で読むことを基本として「五線譜」を使用しているので、シャープ（♯）やフラット（♭）が出てこない楽譜でも階名の「ド」を分かりやすくするために「調号」（ト音記号の横にある♯や♭）をつけてあります。調号♯の位置を「t（ティ）」、♭の位置を「f（ファ）」と読み、調号が複数の場合は、一番右を読むことになります。

● 五線譜での階名唱（移動ド）について

　この本の楽譜には、最初にうたの「開始音」（初めの音）が記されています。これは、「ドレミ…（ｄｒｍ…）」で歌う「階名唱（ソルミゼーション）」を前提としているからです。

　この本では、子どもが歌いやすい、子どもの声帯に合った音の高さを五線譜で表しています。そのため、基本的にはト（G）音、ヘ（F）音にドを置いて表す楽譜を多く使用しています。が、必ずしも楽譜通りの実音で歌うためではなく、目安として示したものです。男声は女声より１オクターブ低いのが普通ですから、自然に１オクターブ下で歌うことになります。

　この本の楽譜は、メロディ（音と音の関係）を示すことが大きな目的なので、あそびの場で、子どもの声を聴いて高さを調整（移調）してください。子どもが自然に歌っている高さより、少し高めに音を出すと、音を意識して良く聞いてきれいに歌えることがあります。一緒に遊び、歌う大人が適した音の高さを出せるようにしてきましょう。

　開始音を「ド」「レ」のようにカタカナ表記にしましたが、うたの構成音（どのような音が使われているか）はアルファベット表記にしました。まりつきうたや年嵩の子ども、身近な大人が歌ってきたうたには半音が入り、半音の変化がもたらされることが多くなります。当然、階名音の読み方も変化します。アルファベット表記にしたのは、変化した元の音が目で見て分かりやすいこと、国際的にも通じる書き方だからです。

【調号と階名・音名の関係】

●調号なしの場合

●調号「♯1個」の場合

●調号「♭1個」の場合

●調号「♯2個」の場合

※隣り合う2音の音程は、「ミーファ」「ティード'」が半音、他は全音である。

変化記号がついた「階名」「音名」の読み方

　「階名」「音名」に変化記号がつくと　違った音になるので、当然違う読み方をします。「音の関係を表す階名」のところでも説明しましたが、詳しく見ていきましょう。
　半音上げる記号のシャープ（♯）がつくとｉが付きます。例えば、「♯ファ」は「フィ（fi）」、「♯ソ」は「シ（si）」です。
　半音下げる記号のフラット（♭）が付くとａが付き、「♭ミ」を「マ（ma）」、「♭ティ」を「タ（ta）」と呼ぶことになります。

「音名」についても同様で、日本語ではシャープを嬰(えい)記号、フラットを変(へん)記号と呼び、「♯ト」を「嬰ト」、「♯ヘ」を「嬰ヘ」と呼びます。「♭ロ」は「変ロ」、「♭ホ」は「変ホ」です。

ドイツ音名ではシャープには is を、フラットには es または s をつけて呼びます。「♯F」は「Fis」、「♯G」は「Gis」となります。「♭E」は「Es」、「♭G」は「Ges」となります。Hにフラットが付いた音は es を付けずに「B(ベー)」と呼び変えます。

五線譜の階名唱（ソルミゼーション）と記譜練習

五線譜に書き表すためには五線の左端に「音部記号」を書きます。わらべうたの場合はト音記号（𝄞）です。そのあとに「調号」（シャープ（♯）、フラット（♭）など必要に応じて）を書き、拍子記号を書き入れます。

音符は「たま」「ぼう」「はた」をつなげて書きます。五線譜上では「ぼう」が五線からあまりはみ出さないようにするため、音符が第2間以下の場合は「たま」の右端から棒を上に向けて書き、音符が第3線より上にある場合には「ぼう」を音符の左側から下方向へ書きます。

「拍と拍子」のところでも説明したように、2拍子は（2/4）のように書き、曲の初めの音部記号、調号の後に記入します。分子の2は2拍子を意味し、分母の4は4分音符（♩）を1拍の単位としていることを表しています。2分の2拍子の場合は2分音符（♩）を1拍として数えます。拍子をはっきり表すために拍子記号とは別に五線と直角に縦の線を書き、小節線と呼びます。

途中で拍子が変わる時（変拍子）は、複縦線（縦に2本）にして、後に新たな拍子記号を記します。反復記号や曲の終止も複縦線にしますが、右側の縦線を太くします。曲の終わりにある複縦線は、特に、終止線と呼びます。

☆ 階名唱の練習をしましょう

♪**80 くまさんくまさん** を階名唱しましょう。ハミングして音高を思い浮かべてから、ハンドサインをつけて歌いましょう。開始音の階名は「ド」です。

　　ドレミ　レレド　レレドドレ　ドレミ　レレド　レレドレレレ
　　ドレミ　レレド　レレレドレレレ　ドレミ　レレド　レレドドレ

♪**149 おらうちのどてかぼちゃ** を階名唱しましょう。

開始音の階名は「レ」です。ド〜ラ,の音程は短3度（全音＋半音）です。

　　レドラ,ドレ　レドラ,ドレ　レドラ,ドレ　レドラ,ドレ

♪**116 ひらいたひらいた** の五線譜を階名唱で歌いましょう。

音部記号、調号を確かめ、構成音の音名と階名を読みましょう。開始音は第2線にあるので音名はト（G）、階名は調号が［♭1個］なので「レ」です。旋律の音高線を思い浮かべながら階名唱してみましょう。実音で歌いたい場合は楽器や音叉で開始音を確かめて、その高さから歌います。音名唱（ＧＧＦ～またはトトヘ～と歌う）もよい練習です。

☆<u>次の文字譜を五線譜に書き直してみましょう。</u>

♪**ちっちここへ** を、五線譜G＝d　第2線（ド）で書いてみましょう。

（答えは ♪**14 ちっちここへ** を参照）

♪**どのゆびかくした** を、五線譜Ｆ＝ｄ　第１間（ド）で書いてみましょう。

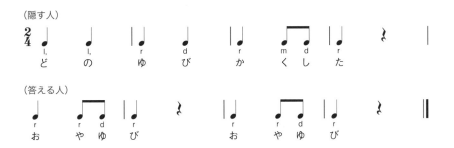

（答えは♪ **157 どのゆびかくした** を参照）

8 楽譜とあそび方

■ 234曲のわらべうた

　この本で取り上げた曲は、今まで保育の現場で行ってきたことを踏まえ、あそびやすく、歌いやすかった曲、子どもが楽しんで歌い、聴いてきた曲を中心に選びました。

　乳児期のあそばせうたは、発達に沿って選びやすいうたを、幼児期のあそびうたはあそびの形態や難易度を年齢やクラスの状況に応じて選べるように、学童期では、多少、運動量も技術も必要で、仲間で挑戦し合い楽しめるようなあそびうたを選曲しました。

　また、大人や学童期以上の子どもが歌う、ことばを楽しむうた・こもりうたなどの「聞かせうた」を加えました。大人自身がうたを楽しむことから、子どもに音楽の楽しさを伝える第一歩になってほしいと望んでのことです。

● 顔あそび (5曲) 104	● あやしあそび (3曲) 134	● いたちごっこ (3曲) 212
● 頭あそび (2曲) 107	● おまじない (2曲) 136	● 手あわせ (7曲) 214
● 手あそび (6曲) 108	● 道具を使うあそび (16曲) 137	● じゃんけん (6曲) 221
● 指あそび (5曲) 111	● 両足跳び (2曲) 145	● 表情あそび (3曲) 225
● 腕あそび (5曲) 114	● 連なり歩き (2曲) 146	● 銭まわし (3曲) 229
● 舟こぎ (2曲) 116	● 役あそび (1曲) 147	● 風船つき (2曲) 232
● ゆらしあそび (2曲) 118	● しぐさあそび (7曲) 148	● お手玉うた (4曲) 233
● 膝のせあそび (4曲) 120	● 鬼きめ (11曲) 151	● ハンカチ落とし (2曲) 238
● 歩行を促すあそび (2曲) 123	● 役交代あそび (16曲) 158	● 靴かくし (2曲) 240
● おんぶ (3曲) 124	● 複数の役交代あそび (4曲) 169	● まりつきうた (3曲) 242
● 手車 (1曲) 126	● 隊列あそび (12曲) 173	● 縄跳びうた (2曲) 245
● 人持ちあそび (4曲) 127	● 門くぐり (9曲) 183	● 羽根つきうた (1曲) 246
● 足のせあそび (2曲) 129	● 鬼ごっこ (14曲) 192	● 自然・生きもののうた (14曲) 247
● 回りあそび (2曲) 131	● 体全体を使うあそび (7曲) 204	● ことばを楽しむうた (15曲) 255
● くすぐりあそび (1曲) 132	● 指先あわせ (3曲) 209	● こもりうた (10曲) 265
● 尻たたき (1曲) 133	● 指かくし (1曲) 211	

掲載情報の見方

それぞれのうたに記載したわらべうたの月齢・年齢は、実年齢（満年齢）で、めやすです。幼児でも喜んで乳児向けのあそびをすることもありますし、運動能力が高くあそびのルールを理解できる幼児なら学童向けのあそびを楽しめるかもしれません。目の前の子どもの状況（反応・身体の発達段階・あそびの理解度など）に合わせてあそびを選んでください。

乳児向けのわらべうたのあそび方は、大人と子どもが1対1で、大人が子どもに対してしぐさ・動作をするのが基本の形です。子どもと向かい合うときは顔を見て目を合わせ、同じ方向を向いて行うあそびは子どもの反応を観ることを意識しましょう。

幼児・学童向けのわらべうたあそびを行うとき、大人は人数と空間の広さを意識しながら見守り、一緒に歌う場合は声の大きさに気をつけましょう。大人が大きな声で歌い続けていると、子どもは「自分は歌わなくていい」と感じてしまうこともあります。子どもの声をよく聴き、子ども自身もほかの人の声を聴きながら歌えるように支えていきましょう。

しぐさや動作は、基本的に1拍につき1回（例えば4分の2拍子や4分の4拍子なら4分音符1つ分につき1回）行います。歩くときも、1拍につき1歩です。休符部分も、特に説明がなければ同じ動きを続けてみてください。

顔あそび

子どもの顔を軽くつつくように触っていくあそびです。
子どもを抱く、手を握るなど、子どもとの関係を作ってから始めましょう。
顔を触られるのが苦手な子ども、触られることを嫌がる時期の子どもには、行わないようにしましょう。顔の部位の比喩表現（頬－りんご、口－池など）や同音異義語（鼻と花）など、ことばを楽しむこともできます。

1　はなちゃんりんごを

顔あそび　4・5か月位〜　皮膚刺激　言語　コミュニケーション

拍に合わせて子どもの顔に触れる。

2　ここはとうちゃんにんどころ

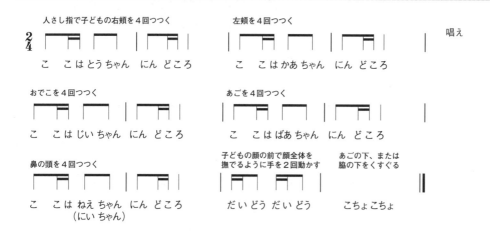

顔あそび　4・5か月位〜　皮膚刺激　言語　コミュニケーション

拍に合わせて子どもの顔・体に触れる。

3　おとげしゃくしゃく

顔あそび　9か月位〜　皮膚刺激　言語　コミュニケーション

拍に合わせて子どもの顔に触れる。

4　おおやぶこえて

顔あそび　9か月位〜　皮膚の刺激　指の刺激　言語　コミュニケーション

拍に合わせて子どもの顔・体に触れる。子どもの手を握ってから歌い始め、手・腕に触れる「かたどん」以降は、子どもの腕（どちらか片方）に大人の手を添え、「軽くたたく」「つまむ」は触れている腕のみに行う。

5　○○ちゃんというひとが

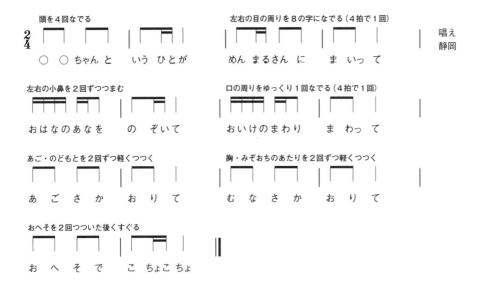

顔あそび　　8か月位〜　　皮膚刺激　言語　コミュニケーション

拍に合わせて子どもの顔・体に触れる。○○には子どもの名前を入れる。

頭あそび

子どもの頭をなでたり、軽くたたいたりするあそびです。
親しみを持って行うからこそ楽しさを感じられます。

6　ぼうずぼうず

頭あそび　9か月位〜　　皮膚刺激　言語　コミュニケーション

拍に合わせて子どもの頭をなで、最後の「ぺしょん」で軽くたたく。

7　おつむてんてん

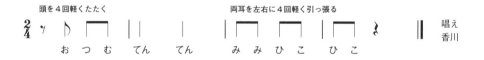

頭あそび　1歳位〜　　言語　微細運動　コミュニケーション

拍に合わせて子どもの頭・耳に触れる。

手あそび

　大人が自分の手を動かして子どもに見せる、大人が子どもの手に触れて刺激する、大人が子どもの手をとって動かすなど、子どもの手首、手のひら、手の甲、指を刺激するあそびです。

　手首をまわしたり返したりする動きは、物を扱うために必要な運動の練習になります。手のひらや手の甲への刺激には、くすぐる、なでる、軽く叩く、つまむなどがあります。

　手あそびは、乳児だけでなく、情緒が不安定な幼児に対して、大人が１対１でスキンシップをはかるときにも有効です。年齢にこだわらず、その子にとって必要なあそびを選んでください。

8　だんごだんご

手あそび　　3・4か月位〜　　追視　手首の回し

大人が自分の手を軽く握り、手首をひねって左右に動かして子どもに見せる。

9　にんぎにんぎ

①手あそび　　3・4か月位〜　　追視　手の開閉

大人が自分の手を握ったり開いたりして子どもに見せる。

②手あそび　　3・4か月位〜　　手首の回し

大人が自分の手を軽く握り、手首をひねって左右に動かして子どもに見せる。

10　どどっこやがいん

| 手の甲を上にして | 手のひらを上にして | 手の甲を上にして |
| 4回上下に軽く振る | 4回上下に軽く振る | 4回上下に軽く振る |

2/4　どどっ　こ　やがいん　　けぇ　して　やがいん　　あ だ まっこ　や がいん

| 手のひらを上にして | 手の甲を上にして | 手のひらを上にして |
| 4回上下に軽く振る | 4回上下に軽く振る | 4回上下に軽く振る |

けぇ　して　やがいん　　すりぽこ　やがいん　　けぇ　して　やがいん

唱え
東北

・どどっこ…魚
・やがいん…焼いて
・けぇして…返して
・すりぽこ…しっぽ

手あそび　9か月位〜　　手首の返し

子どもを膝に抱き、子どもの手を持って動かす。

冬に子どもの両手を魚に見立て、火にかざして温めた。このあそびで手首を返す動きを練習できる。2〜3歳になると、トングなど挟む道具を使って物を裏返すことができるようになる。

11　かれっこやいて

m r d l,
タイ
秋田

・かれっこ…カレイ（鰈）

手あそび　1歳位〜　　手首の返し　微細運動

子どもを膝に抱き、子どもの手を持って動かす。

「♪10　どどっこやがいん」と同様に、冬に子どもの両手を魚に見立て、火にかざして温めた。あそびの中で、おもちゃの魚などを裏返すときにうたうこともできる。

12　ここはてっくび

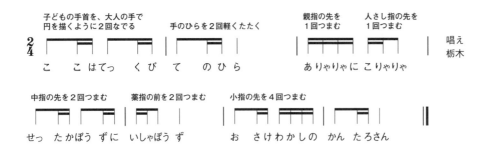

手あそび　9か月位〜　微細運動　言語

子どもの手（片手）を取り、手のひらを上に向けた状態で動作を行う。

13　にほんばしこちょこちょ

手あそび　1歳位〜　微細運動　皮膚刺激

子どもの手（片手）を取り、手のひらを上に向けた状態で動作を行う。

指あそび

　大人が子どもの手を持って、子どもの指を合わせる、伸ばす、折り曲げる、広げるなどで動かしたり、大人が子どもの指を摘んで刺激したりするあそびです。
　子どもにとって、はじめは「大人にしてもらうあそび」だったのが、「自分でするあそび」「友だちと楽しむあそび」へと変わっていくことがあります。

14　ちっちここへ

r d l,
高知

・ちっち…セキレイ（高知の方言）

①指あそび　7・8か月〜　　目と指先の協応

子どもを膝に抱き、子どもの手をそれぞれ左右の手で持って人さし指を合わせたり離したりする。

②道具を使うあそび　3・4か月〜　　追視　言語　コミュニケーション

布を振りながら歌い、最後に布を飛ばす。

①のあそびは、子どもが自分の体の部位を意識的に見て合わせる運動になる。

15　こどものけんかに

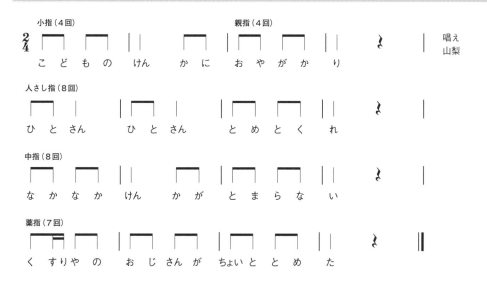

8　楽譜とあそび方　111

指先を使うあそび。
休符の部分も含めて拍に合わせて小指の先を4回、親指の先を4回、人さし指の先を8回、中指の先を8回、薬指の先を7回合わせる。
「ちょいととめた」の「た」で動きを止め、最後の休符は指を合わせたまま動かさない。

①**指あそび**　8か月位〜　　指先の刺激
大人がうたに合わせて子どもの指先を押さえる。

②**指あそび**　3歳位〜　　目と指先の協応
子どもが自分で左右の自分の指先を合わせる。

③**指あそび**　4歳位〜　　目と指先の協応
2人組で向かい合い、お互いの指先を合わせる。

④**指あそび**　6・7歳〜　　空間知覚　他人への意識
複数人が円形に並んで円の内側を向き、それぞれが両隣の人と指先を合わせる。

⑤**指あそび**　7・8歳〜　　空間知覚　他人への意識
複数人が円形に並んで円の内側を向き、それぞれ自分の手を胸の前で交差して、両隣の人と指先を合わせる。（自分の右手と左隣の人の左手が合い、左手は右隣の人の右手が合うことになる）

16　こぞうねろ

指あそび　1歳位〜　　微細運動　言語　コミュニケーション
大人が子どもの手を取り、唱えることばに合わせて子どもの指を「小僧（小指）－お医者（薬指）－背高（中指）－おれ（人さし指）－われ（親指）」と順に手のひら側に折り曲げてねかせる。

17　おやゆびねむれ

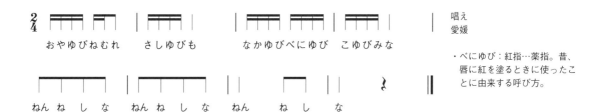

唱え
愛媛

・べにゆび：紅指…薬指。昔、唇に紅を塗るときに使ったことに由来する呼び方。

指あそび　1歳位〜　　微細運動　言語　コミュニケーション

大人が子どもの手を取り、唱えることばに合わせて指を折り曲げたり伸ばしたりする。

親指は、最初の1拍の間に折り曲げてから起こして伸ばし、次の拍で再度折り曲げる。

人さし指は、親指を折り曲げたまま、親指と同様に曲げて伸ばして再度折り曲げる。

中指・薬指は、拍に合わせて折り曲げる。

小指は、親指・人さし指と同様に折って伸ばして最後に折る。

すべての指を折り曲げて手を握る形になったあと、「ねんねしな」から拍に合わせて、手を開くように小指から順に伸ばしていく。

すべての指を伸ばして手を開いた形になったあと、最後の「ねんねしな」の「ねし」で親指を折り、「な」で残りの指を同時に折り曲げる。

18　ふくすけさん

m r d l,
北海道

・かんましな…かきまぜな

指あそび　1歳位〜　　足指の刺激

子どもの足の指を、拍に合わせて小指から順につまんでいく。

休符のところは動きを止める。

親指まで来たら折り返し、最後は小指で終わる。

腕あそび

　大人が子どもの両腕を持って動かしたり、片手を取って皮膚を刺激したりする、腕全体を使うあそびです。

19　ちょちちょちあわわ

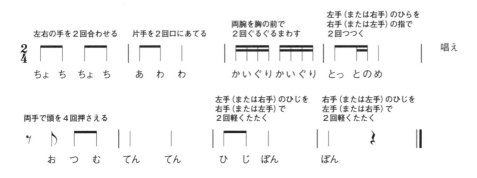

腕あそび　9か月位〜　微細運動　言語

子どもを膝に抱き、子どもの手を取って動かす。

20　こっちのたんぽ

腕あそび　1歳位〜　微細運動　言語

子どもを膝に抱き、子どもの手を取って動かす。

21　ねずみねずみ

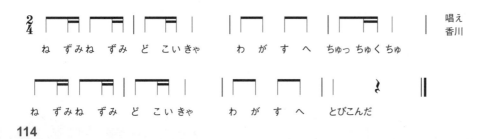

腕あそび　1歳位〜　皮膚刺激　コミュニケーション

子どもの手を取り、大人の人さし指と中指を子どもの手首から上腕に向かって歩くように動かしていき、「とびこんだ」で脇の下をくすぐる。

子どもの腕は短いので、指は少しずつ進めるとよい。「ちゅっちゅくちゅ」でひじの内側に届くように調整すると、うたの終わりでちょうどよく脇の下に達する。

22　てってのねずみ

腕あそび　1歳位〜　皮膚刺激　コミュニケーション

子どもの手を取り、大人の人さし指と中指を子どもの手首から上腕に向かって歩くように動かしていき、「こちょこちょこちょ」でくすぐる。

子どもの腕は短いので、指は少しずつ進めるとよい。前半の4小節でひじの内側に届くように調整すると、うたの終わりでちょうどよく脇の下に達する。

23　にゅうめんそうめん

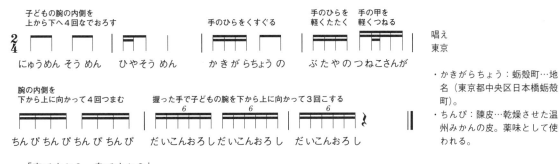

―「店ですか？　奥ですか？」
―「店です。」（または「奥です。」）

腕あそび　2歳位〜　皮膚刺激　言語　コミュニケーション

腕にいろいろな皮膚刺激を与えるあそび。最後の問答で子どもが「店」と答えたら手のひらをくすぐる。「奥」と答えたら脇の下をくすぐる。

問答ができるようになった子どもと行う。

舟こぎ

大人と子ども、または子ども同士が向かい合って座り、手をつないで前後に体を動かすあそびです。

24　きっこーまいこー

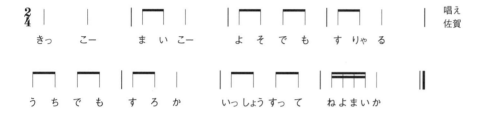

きっ　こー　まい こー　よ そ で も　す りゃ る　　唱え
うち で も　す ろ か　いっしょう すって　ね よ まい か　佐賀

①舟こぎ―膝のせ　　6か月位～　　粗大運動　腹筋　背筋

大人が足を伸ばして座り、子どもを膝（太もも）の上に乗せて向かい合う。子どもの体を支えながら、前後、または左右に揺らす。

②舟こぎ―膝のせ　　6か月位～　　粗大運動　腹筋　背筋

大人が足を伸ばして座り、子どもを膝（太もも）の上に乗せて向かい合う。子どもと手をつなぎ、前後に揺らす。

②はしっかりと首が据わってから行うあそび方。
手をつなぐときは、子どもに大人の親指を握らせてから、大人の手で子どもの手を包むようにするとよい。
最後に腕を伸ばして大人の足の上に倒すこともできる。

25　おふねがぎっちらこ

$\frac{2}{4}$　おふねが　ぎっちらこ　ぎっちらこ　ぎっちらこ　せんぞうや　まんぞうぞ

唱え
兵庫

・せんぞう：千艘
・まんぞう：万艘

①舟こぎ—膝のせ　　6か月位〜　　粗大運動　腹筋　背筋

大人が足を伸ばして座り、子どもを膝（太もも）の上に乗せて向かい合う。子どもの体を支えながら、前後、または左右に揺らす。

②舟こぎ—膝のせ　　6か月位〜　　粗大運動　腹筋　背筋

大人が足を伸ばして座り、子どもを膝（太もも）の上に乗せて向かい合う。子どもと手をつなぎ、前後に揺らす。

③舟こぎ　　4歳位〜　　粗大運動　腹筋　背筋

子ども同士が2人組で向かい合い、足を開いて座る。両手をつなぎ、拍に合わせて交互に引き合う。

ゆらしあそび

大人が子どもの体を支えながら揺らすあそびです。

26　えっちゃらこ

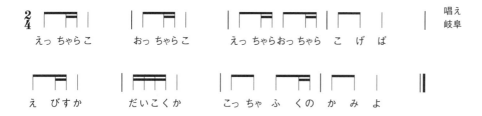

①**ゆらしあそび―左右**　1歳位〜　　平衡感覚　下肢の安定

大人が両膝を立てて座り、膝の間に子どもを入れて立たせ、膝につかまらせる。背中を支えながら軽く左右に揺らす。

②**体ゆらし**　1歳位〜　　平衡感覚　下肢の安定

子どもが自分で大きなクッションなどにまたがり、左右に揺れる。

③**道具を使うあそび**　8か月位〜　　追視　微細運動

チェーンやひもなどに筒状のもの（リングやガムテープの芯など）を通して動かす。

　4分音符の部分は「えっちゃらこ（↗）」「おっちゃらこ（↗）」と音を上げるように唱える。
①はつかまり立ちの短い期間にできるあそび。
さらに強い運動的な刺激を求める子ども（体幹のしっかりした2歳前後の子ども）には、立った状態で舟こぎの動きをすることもできる。その場合は、大人と子どもが立って向かい合い、手をつなぐ。大人はつないだ手を引いたり押したりする。子どもは、自分の体を両足で支えながら、体を前後に揺らす。

27 ひにふにだ

ゆらしあそび―上下　8・9か月～　　平衡感覚　信頼感

大人が子どもを抱いて立ち、各小節の1拍目のところで、アクセントをつけて歌いながら軽く膝を曲げ、子どもに少し沈む感覚になるような刺激を与える。

　信頼関係があってこそできるあそび。子どもは、体が少し落ちるスリルと受け止めてもらう安心感を楽しむ。首が据わっていない子どもには行えないので、必ず子どもの様子を見なければならない。

膝のせあそび

大人の膝の上に子どもを乗せて子どもの体を揺らすあそびです。

28　うまはとしとし

s m r d l,
佐賀

①膝のせあそび　1歳　粗大運動　平衡感覚

大人が子どもを膝に乗せて向かい合い、両手を持って支えながら上下に揺らす。うたが終わったら膝を開き、子どもを足の間に落とす。

②這い運動の刺激　7か月〜　粗大運動　平衡感覚

大人が四つ這いの体勢になった子どもの腹部を支えながら、軽く持ち上げたり下ろしたりして上下に動かす。

③飛行機　1歳位〜　粗大運動　平衡感覚

仰向けになった状態で膝を曲げた大人の足の裏に、子どもの体（お腹）を乗せて手を握る。膝の曲げ伸ばしで、子どもを軽く上下に揺らす。

「乗り手さん」に子どもの名前を入れて「○○ちゃん」としてもよい。うたを何回か繰り返してから「パカパカパカ」または「うまのしっぽ」で終わることもできる。
①は、床の上で足を伸ばして行うことも、椅子に腰かけて行うこともできる。
②は、這うのが苦手な子どもにおすすめ。
③のあそび方では、家に広い座敷があった時代に、最後に「うまのしっぽ」と歌い、手を握ったまま「ぽ」で大人が自分の足の曲げ伸ばしによって勢いをつけると同時に腕を振り上げるようにして、子ども（学童）を後ろ向きに半回転させ、大人の頭の先に下ろすあそびを加えることもあった。

29　じょうりげんじょ

① **膝のせあそび**　　1歳半〜　　粗大運動　平衡感覚

大人が子どもを膝に乗せて向かい合い、両手を持って支えながら上下に揺らす。うたが終わったら膝を開き、子どもを足の間に落とす。

② **おんぶ**　　2歳位〜　　粗大運動　平衡感覚

子どもをおんぶして軽く左右に揺らす、または歩く。

30　どんぶかっか

膝のせあそび　　1歳半〜　　粗大運動　平衡感覚

大人が子どもを膝に乗せて向かい合い、両手を持って支えながら上下に揺らす。

床の上で足を伸ばして行うことも、椅子に腰かけて行うこともできる。

31　○○ちゃんと○○ちゃんと

膝のせあそび—2人　　2歳位〜　　粗大運動　平衡感覚　コミュニケーション

足を伸ばして座り、子どもを2人、対面する向きで足の上に座らせる。「○○ちゃん」に2人の子どもの名前を入れて歌いながら上下に揺らす。
子どもは2人とも大人と向かい合うように座る。

歩行を促すあそび

歩き始めた子どもの「歩きたい」という気持ちを刺激するときに歌ううたです。

32 あんよはじょうず

歩行を促すあそび　1歳位〜　平衡感覚　バランス

歩き始めた子に向かって、手をたたきながら歩行を促す。

33 じっぽはっぽ

r d l, s,
青森

・じっぽはっぽ：十歩八歩

歩行を促すあそび　1歳半〜　平衡感覚　バランス

歩き始めた子どもに向かって、1人で歩く意欲が出るように、見守りながら歌う。

このうたに似ている歌が青森に複数あり、その中には「十方八方」と解釈されるものもある。うたの内容（意味）としては解釈が難しく、伝承の過程で語呂のよい意味のないことばに変わっている部分が多いと思われる。

おんぶ

　大人が子どもを背負うあそびです。
　子どもの頭を上にする一般的な形と、子どもの体を横向きに背負う形（横おんぶ）があります。
　横おんぶは、子どもが大人の方を向く（お腹を大人の腰にあてる向き）のが一般的な背負い方ですが、運動能力の高い子どもがより強い刺激を求めたら、背中合わせになる向きで背負うと満足するかもしれません。
　子どもはよく人形をおんぶしてあそびますが、自分がおんぶされる機会は抱っこされる機会よりもかなり少ないのではないでしょうか。しがみつく力を養うためにも、ぜひあそびの中でおんぶされる経験をしてほしいと思います。

34　ごいごいごいよ

rdl,
兵庫

①**おんぶ**　1歳半〜　　粗大運動　　しがみつく力

子どもをおんぶして軽く左右に揺らす、または歩く。

②**舟こぎ —膝のせ**　6か月〜　　粗大運動　腹筋　背筋

大人が足を伸ばして座り、子どもを膝（太もも）の上に乗せて向かい合う。
子どもの体を支えながら、前後、または左右に揺らす。

③**舟こぎ —膝のせ**　6か月〜　　粗大運動　腹筋　背筋

大人が足を伸ばして座り、子どもを膝（太もも）の上に乗せて向かい合う。子どもと手をつなぎ、前後に揺らす。

④**舟こぎ**　4歳位〜　粗大運動　腹筋　背筋

子ども同士が2人組で向かい合い、足を開いて座る。両手をつなぎ、拍に合わせて交互に引き合う。

35 ゆすってゆすって

rdl,
高知

①**おんぶ**　1歳半位〜　粗大運動　平衡感覚　信頼

子どもをおんぶして軽く左右に揺らす、または歩く。

②**横おんぶ**　2歳半〜3歳　粗大運動　平衡感覚　信頼

子どもを横向きで負ぶい、左右に揺らす。

36 しおやかぎや

rdl,
東京

横おんぶ　2歳半〜3歳　粗大運動　平衡感覚　信頼

子どもを横向きで負ぶい、左右に揺らす。

　江戸時代の塩売りの様子を真似ている。

手車

大人2人が腕を組んで台を作り、その上に子どもを乗せるあそびです。
　体重や運動能力などから、2歳後半から3歳半くらいまでの子どもが適しています。最後に子どもを放る場合は、床や地面が固くないか、周りに危険なものがないか、空間に余裕があるかなどを確認しましょう。

37　じごくごくらく

r d l s,
広島

・じごく：地獄
・ごくらく：極楽

（歌詞）
じごくごくらくえんまさんのまえで
このこがいちばん　よいむすめ（むすこ）
このこがいちばん　わるむすめ（むすこ）
ぎんのふねうかべてあそびましょ
ひのやまとんであそびなさい

手車　2歳後半位〜3歳半位　　平衡感覚　言語

大人2人が腕を井桁に組んで土台を作る。子どもはその上に座り、大人の肩につかまって体を支える。土台の2人が子どもを左右（子どもにとっては前後）に揺らす。「良い」場合は、うたの最後で静かに下ろす。「悪」の場合は、放り出す。

「良い娘（息子）」か「悪娘（息子）」かは、あそびの前に子どもが選ぶ。
「良い」場合、子どもは大人の手の間に足を入れると安定する。「悪」の場合は、子どもが台から動きやすくするために足は入れない。

人持ちあそび

大人が子どもの体を持って揺らすあそびです。1人の子どもを大人1人で抱えて、または、大人2人で脇の下と足を持って揺らします。

38　ぎっこんばっこんもものき

ぎっこん ばっこん も ものき も もがなった ら くん なんしょ

r d l,
群馬

①人持ちあそび―1人持ち　1歳半〜　　粗大運動　平衡感覚

大人が子どもを後ろから抱き上げ、脇の下でしっかり支えて左右に揺らす。

②枝ぶらんこ　学童〜　　粗大運動　平衡感覚

木に登り、枝につかまって自分の体を支えながら、揺れる。

39　いっしょうまにしょうま

いっしょうま　にしょうま　ますんそこ ぬけた

r d l,
石川

・いっしょう：一升
・にしょう：二升

①人持ちあそび―1人持ち　1歳半〜　　平衡感覚

大人が子どもを後ろから抱き上げ、脇の下でしっかり支えて左右に揺らす。

②人持ちあそび―2人持ち　1歳半〜　　平衡感覚

大人2人が子どもの脇の下と足をしっかり持ち、左右に揺らす。

②は、子どもからは足を持っている人の口の動きが見えるので、うたを知っている人が足側を持つとよい。また、保護者と保護者以外の大人（保育者など）が子どもを持つ場合は、保護者が頭側を持つ（脇の下を支える）のがおすすめ。子どもは保護者に支えられることで安心感が得られ、保護者は子どもの重さを実感できる。

40　こりゃどこのじぞうさん

人持ちあそび―2人持ち　1歳半～　平衡感覚

大人2人が子どもの脇の下と足をしっかり持ち、左右に揺らし、最後の「どぼーん」で、少し勢いをつけて持ち上げてから床に下ろす。

「♪39 いっしょうまにしょうま」と同様に、保護者が入って行う場合は、保護者に頭側に立って脇の下を支えてもらうのがおすすめ。

41　かごかごじゅうろくもん

s m r d l,
京都

・じゅうろくもん：十六文
・えどからきょうまで：江戸から京まで

①人持ちあそび―2人持ち　1歳半～　平衡感覚　言語

大人2人が子どもの脇の下と足をしっかり持ち、左右に揺らし、最後の「どぶーん」で、少し勢いをつけて持ち上げてから床に下ろす。「浅い川へじゃぼじゃぼ」にする場合は、小さく左右にゆらしてから静かに下ろす。

②手車　2歳後半から3歳半　平衡感覚　言語

大人2人が腕を井桁に組んで土台を作る。子どもはその上に座り（手の間に足を入れる）、大人の肩につかまって体を支える。土台の2人が子どもを左右（子どもにとっては前後）に揺らす。

足のせあそび

大人の足の甲の上に子どもの足を乗せて歩くあそびです。

42　あしあしあひる

$\frac{2}{4}$　あし あし　あひる　　かかと を　ねらえ　　唱え

①足のせあそび　　2歳〜　　平衡感覚

大人と子どもが向かい合い、手をつないで立つ。大人の足の甲の上に子どもの足を乗せて前後左右に歩く。

②膝のせあそび―蹴る練習　　6・7か月〜　　下肢への刺激　足首の蹴り

大人が足を伸ばして座り、子どもを前向きで膝（太もも）の上に乗せる。手で子どもの足裏を覆うようにして支えながら、手を動かすことによって子どもの左右の膝を交互に曲げ伸ばしする。または、子どもを太ももの上に立たせ、トントントンと上下に揺すって足の蹴り具合をみる。

①は、前後左右、斜めなど、いろいろな方向に歩くと、子どもは思いがけない方向に動くことを楽しむ。
②は、蹴る力が弱く這うのが苦手な子どもに這い這いを促すためのあそび。繰り返すうちに子どもから蹴り返すようになる。
少人数で連なって歩くときに歌うこともできる。

8　楽譜とあそび方　129

43 かってこかってこ

$\frac{2}{4}$ ♩♩♩♩♩♩ ♩♩♩♩♩♩ ‖ 唱え

かっ て こ かっ て こ　なん まん　だ　　よ　その ぼう さん　　しり きっ　た

①足のせあそび　2歳〜　平衡感覚

大人と子どもが向かい合い、手をつないで立つ。大人の足の甲の上に子ども
の足を乗せて前後左右に歩く。

②膝のせあそび―蹴る練習　6・7か月〜　下肢への刺激　足首の蹴り

大人が足を伸ばして座り、子どもを前向きで膝（太もも）の上に乗せる。手
で子どもの足裏を覆うようにして支えながら、手を動かすことによって子ど
もの左右の膝を交互に曲げ伸ばしする。または、子どもを太ももの上に立た
せ、トントントンと上下に揺すって足の蹴り具合をみる。

③尻這い　4歳〜　下肢運動　平衡感覚

座ったまま足を曲げ伸ばしすることで前または後ろに進む。

③は、手をついて支えながら両足同時に動かす、腕を振って勢いをつけて片足ず
つ交互に動かす、手の支えなしで両足同時に動かすなど、いろいろな進み方が可
能。

回りあそび

子どもが自分でぐるぐると回るときのうたです。
うたがあるとあそびに区切りをつけやすいので、ぐるぐる回りたい時期の子どもにおすすめです。
このあそびは特に、バランスを崩したときにぶつかりそうなものがないか確認することが大切です。

44 どうどうめぐり

回りあそび　1歳8か月位〜　平衡感覚

子どもが1人でぐるぐる回っているときに、大人が歌う。

　バランスを崩したときにぶつかりそうなものがないか確認する。
　幼児があそぶ場合は、最後の「こ」で止まるように促す。

45 でんでんまわり

①回りあそび　1歳8か月位〜　平衡感覚

子どもが1人でぐるぐる回っているときに、大人が歌う。

②回りあそび　4歳半位〜　平衡感覚　相手とのバランス

子ども同士（2人）が手（片手）をつないでぐるぐる回る。

③回りあそび　年長児〜　平衡感覚　全体のバランス

数人で木や柱を囲んで手をつなぎ、ぐるぐる回る。

くすぐりあそび

うたいながら体を触り、最後にくすぐるあそびです。子どもは、もうすぐくすぐられる、という緊張感を楽しみます。

46　いちりにり

いちり　にり　さんり　しりしりしり　　　　唱え
　　　　　　　　　　　　　　　　　　　　　東京

くすぐりあそび　　1歳位〜　　皮膚刺激　コミュニケーション　言語

子どもと向かい合って座る。ことばに合わせて、大人が両手で、子どもの両足の指の付け根、両足のくるぶし、両足の膝を押さえていき、最後にお尻の両脇をくすぐる。

「四里」と「尻」の語呂合わせ。頭、首、胴の順に押さえていき、最後にお尻をくすぐってもよい。
寝ている子どもにもできるあそび。
最後にくすぐられることを覚えると、あそびをより楽しむようになる。

尻たたき

うたいながら体を触り、最後にお尻をたたくあそびです。

47　いちめどにめど

尻たたき　2歳位～　皮膚刺激　コミュニケーション　言語

大人が、立っている子どもの肩に片手を置いて支えながら、もう片方の手でことばに合わせて、子どもの頭、首の後ろ、腰を押さえていき、最後にお尻を軽くたたく。

あやしあそび

子どもをあやすときのうたです。目を合わせて歌い、あそびましょう。

48 だるまさん（ころころ）

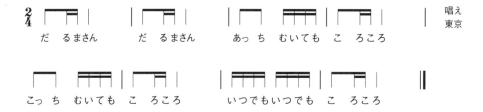

①あやしあそび　2・3か月〜　追視　コミュニケーション　言語

子どもの前で、大人が腕を組み、うたに合わせて首を左右に振る。

②体ゆらし　3歳〜　平衡感覚　背筋

膝を開いて座り、足の裏を合わせる。手を膝の上に置き、うたに合わせて体全体を左右に揺らす。

49 しゃんしゃんしゃん

あやしあそび　2・3か月〜　追視　コミュニケーション　言語

大人が子どもに向かってうたいながら、拍に合わせて手をたたく。「きつねさん」は頭の上に両手で耳を作る。

50 すってんてれつく

r d l,
東京

①あやしあそび　5・6か月〜　追視　コミュニケーション

大人が子どもに向かってしぐさをして見せる。
「スッテンテレツク天狗の」…ひじを曲げて、握った手を胸の前でぐるぐる回す。
「(天狗の) 面」…握った手を鼻の上に重ねる。
「おかめに」…握った手を両頬にあてる。
「ひょっとこ」…握った手を口の上で重ねる。
「般若の面」…頭の上で両手の人さし指を立てて角を作る。

②しぐさあそび　3歳半〜　微細運動

①のしぐさを子ども自身が行う。

繰り返しながら、少しずつ早くしていくこともできる。
子どもをあやすときのほか、2月の初午の日に行われる初午祭で子どもが狐の面をつけて踊るときにも歌われた。

おまじない

「ちょっと痛い思いをしたけれど怪我はしなかった」という程度の出来事があったときの気分転換には、おまじないがおすすめです。1歳すぎから2歳半くらいまでの子どもによく効きます。

51　いたいのいたいの

　　　いたいの　いたいの　とんでけ　　　　　唱え
　　　　　　　　　　　　　　　　　　　　　東京

おまじない　1歳〜　コミュニケーション　言語

子どもが痛がっているときなどに、痛みが消えるおまじないとして大人が唱える。

52　あいにさらさら

おまじない　2歳位〜　コミュニケーション　言語

子どもの顔を見ながら、子どもが痛がっているところを大人がさすり、最後に手のひらに息を強く吹きかける。

　短いおまじないが効かないときにおすすめ。

道具を使うあそび

大人が子どもの前で道具を使いながら見せるあそびです。
　道具を使うことによって、子どもの追視、粗大運動・微細運動、目と手の協応運動などの発達に刺激を与えます。また、子どもは「自分もやってみたい」という気持ちを抱き、大人の動作を真似ようとするでしょう。

53　かなへびこ

r d l,
秋田

・かなへび（こ）…カナヘビ（トカゲの仲間）

①細長いものを使って　7か月位〜　　追視　手足の支え

子どもの前で、チェーンや長いひもなどの端を持ち、手首を左右に振って床の上を這わせるように動かす。

②連なり歩き　2歳半〜　　空間認知　平衡感覚　目と体の協応

列になって歩く。

③連なり歩き　5歳位〜　　目と体の協応　平衡感覚　空間知覚

列を作り、それぞれが自分の前の人の上着の裾を持ってつながって歩く。

54　へびいたがさがさ

細長いものを使って　7か月位〜　　追視　手足の支え

子どもの前で、チェーンや長いひもなどの端を持ち、手首を左右に振って床の上を這わせるように動かす。

　蛇が出そうな場所を歩くときに、蛇が出ないおまじないとして唱えた。

55 つぶやつぶや

r d l,
北海道

・つぶ…食用の小さな巻貝。つぶ貝、田螺
・につけて：煮付けて

①小物を使って　9か月位〜　追視⇒微細運動

両手を合わせた中に小物（小さなお手玉など）を入れ、歌いながら振る。

②小物を使って　1歳位〜　追視⇒微細運動

小物を並べ、端からひとつずつ数えるように指で触っていく。

②のあそび方で、最後に小物を取っていき、小物がなくなるまでうたを繰り返すこともできる。

56 えんどうまめ

s m r d
奈良

①容器と小物を使って　9か月位〜　追視⇒微細運動

容器（洗面器やボールなど）の中に小物（お手玉など）を入れ、手に持って軽く上下に振る。

②小物を使って　1歳位〜　追視⇒微細運動

小物を並べ、端からひとつずつ数えるように指で触っていく。

57　いっちくたっちくたいものこ

r d
高知

・たいも：田芋…里芋のこと

①小物を使って　　1歳半位〜　　追視⇒微細運動

小物を並べ、端からひとつずつ数えるように指で触っていく。

②手あそび　　2歳位〜　　追視⇒微細運動

子どものにぎりこぶしを、ひとつずつ数えるように指で触っていく。

　　にぎりこぶしを里芋に見立ててあそんだ。

58　おさらにたまごに

①小物・布を使って　　9か月位〜　　追視⇒微細運動

両手を合わせた中に小物や布を入れ、歌いながら振る。最後の「ほい」で手を開いて中に入っていた物を見せる。

②足じゃんけん　　学童　　平衡感覚　身体の器用さ

足を横に開く（お皿：パー）、足を閉じる（たまご：グー）、足を前後に開く（はし：チョキ）の順で動き、最後の「ほい」で、足でじゃんけんをする。

59　にぎりぱっちり

にぎりぱっちり　たてよこひよこ

rdl,
鹿児島

①小物・布を使って　　9か月位〜　　追視⇒微細運動
両手を合わせた中に小物や布を入れ、歌いながら振る。歌い終わったら手を開いて中に入っていた物を見せる。

②足じゃんけん　　学童　平衡感覚　身体の器用さ
足を揃える（にぎり：グー）、足を横に開く（ぱっちり：パー）、足を前後に開く（縦：チョキ）、足を横に開く（横：パー）、足を閉じるの順で動き、最後の「こ」で、足でじゃんけんをする。

①で手を開くときに、「ぴよぴよぴよ」「ふわふわふわ」「ころころころ」など擬音語・擬態語を添えることもできる。

60　かぜふくな

かぜ ふくな かぜ ふくな
やねのした かぜ ふくな

rdl,
三重

①布を使って　　8か月　　追視⇒微細運動
布を振りながら歌う。

②布を使って　　2歳位〜　　追視⇒微細運動
手に持った布を振りながら歩く。

③布を使って／複数の役交代　　3歳半〜　　追視⇒微細運動
複数人（目安としては集団の４分の１〜３分の１くらいの人数）の鬼を決める。鬼以外の人は分散して好きな場所でしゃがむ。鬼はそれぞれ布を振りながらしゃがんでいる人の間を歩き、うたの終わりに布を飛ばす。落ちた布の近くにいた人が次の鬼になる。

61　うえからしたから

布を使って　　5・6か月　　　追視⇒微細運動

布を上下に振りながら歌う。

62　くものおばさん

①布を使って　　9か月　　　追視⇒微細運動

布を上下に振りながら歌う。

②布を使って／複数の役交代　　3歳半〜　　　空間認知　微細運動

複数人（集団の4分の1〜3分の1くらいの人数が目安）の鬼を決める。鬼以外の人は分散して好きな場所でしゃがむ。鬼はそれぞれ布を振りながらしゃがんでいる人の間を歩き、うたの終わりに布を飛ばす。落ちた布の近くにいた人が次の鬼になる。

63　あずきちょまめちょ

①小物を使って　　9か月位〜　　　追視⇒微細運動

小物（お手玉など）を手のひらに乗せたり、つまんで持ちながら、手を軽く上下または左右に振りながら歌い、最後の「ちょ」で違う動作（手の中に隠す、容器の中に入れる、体の一部に乗せるなど）をする。

②歩きあそび　　1歳半位〜　　　体のコントロール

うたに合わせて歩き、最後の「ちょ」のところでは、止まる、しゃがむ、片足立ちなど違う動きをする。

64 おせんべ

r d
静岡

①**小物を使って**　1歳半位〜　　追視⇒微細運動

積み木や厚みの少ない小物を並べ、端からひとつずつ数えるように指で触っていく。最後にあたった物は、裏返したり、手に取ったり、別の場所に移動させたりする。

②**手あそび**　2歳位〜　　追視⇒微細運動

甲を上に向けて前に出した子どもの手を、順番に指で触っていく。最後に当たった手は裏返したり、引っ込めたりする。

③**手あそび**　4歳位〜　　目と両手の協応

子ども同士、手を並べて②と同じようにあそぶ。

手の甲をせんべいに見立ててあそんだ。
①は、子どもと1対1でも、1対複数人でもあそべる。
③を幼児だけで行う場合、数え手は自分の手を並べない。

65 しおせんべ

m r d
新潟

①**小物を使って**　1歳半位〜　　追視⇒微細運動

積み木や厚みの少ない小物を並べ、端からひとつずつ数えるように指で触っていく。最後にあたった物は、裏返したり、手に取ったり、別の場所に移動させたりする。

②**手あそび**　2歳位〜　　追視⇒微細運動

甲を上に向けて前に出した子どもの手を、順番に指で触っていく。最後に当たった手は裏返したり、引っ込めたりする。

③**手あそび**　4歳位〜　　目と両手の協応

子ども同士、手を並べて②と同じようにあそぶ。

66　どっちんかっちん

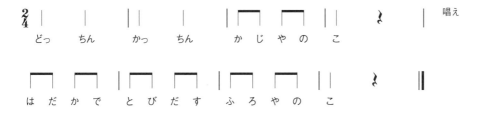

①小物を使って　　1歳半～　　目と両手の協応

小さなお手玉やボールなどを左右の手に1つずつ持ち、2つの物を打ち合わせて音を鳴らす。

②手あそび　　1歳半～　　目と両手の協応

手を握り、拍に合わせて打つ。

③手あそび　　3歳半位～　　目と両手の協応　手首の回し

手を握り、右手で左手を打つ、左手で右手を打つというように左右の手を交互に軽くたたく。

④手あそび　　3歳半位～　　目と両手の協応　微細運動

左右の手を握って上下に重ね、拍ごとに手の上下を入れ替える。

67　いしのなかのかじやさん

①小物を使って　　1歳半位～　　目と両手の協応

小さなお手玉やボールなどを左右の手に1つずつ持ち、2つの物を打ち合わせて音を鳴らす。

②手あそび　　1歳半位～　　目と両手の協応

手を握り、拍に合わせて打つ。

③手あそび　　3歳半位～　　目と両手の協応　手首の回し

手を握り、右手で左手を打つ、左手で右手を打つというように左右の手を交互に軽くたたく。

68　たんぽぽたんぽぽ

①**小物を使って**　２歳前後～　　息を吹く　口唇の練習

小さな軽い物（小さな毛糸玉など）を手のひらに乗せ、うたった後に吹いて落とす。

②**自然―たんぽぽ**　１歳半位～　　目と両手の協応

うたった後にたんぽぽの綿毛を吹く。

両足跳び

　盛んに両足跳びをしたがる時期の子ども（2歳過ぎから3歳半くらい）にぴったりのうたです。わらべうたを歌うと、あそびに「区切り」や「終わり」を作ることができます。
　両足跳びを行うときは、場所選びも大切です。跳躍すると足には体重の何倍もの負荷がかかりますが、子どもは足の骨が未発達なので、固い地面の上では跳ばないように気をつけましょう。

69　すずめちゅうちく

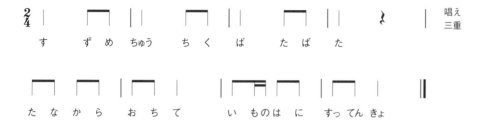

①両足跳び　2歳半位〜　両足跳び　平衡感覚
うたに合わせて両足跳びをする。

②役交代　3歳半位〜　両足跳び　平衡感覚
鬼を1人決める。鬼以外の人は円を作って内側を向いて立つ。鬼は円の内側で、うたに合わせて両足跳びをしながら移動する。最後の「きょ」のところで目の前にいる円の人の肩に両手を置き、役を交代する。

70　きりすちょん

・きりす…キリギリス

①両足跳び　2歳半位〜　両足跳び　平衡感覚
うたに合わせて両足跳びをする。

②役交代　3歳半位〜　両足跳び　平衡感覚
鬼を1人決める。鬼以外の人は円を作って内側を向いて立つ。鬼は円の内側で、うたに合わせて両足跳びをしながら移動する。最後の「ちょん」のところで目の前にいる円の人の肩に両手を置き、役を交代する。

連なり歩き

列を作って連なって歩くあそびです。
　前の人について歩くためには、前の人に注目し続け、空間を認知し、自分と前を歩く人や部屋の中の物との位置関係を把握することが必要です。
　少人数で家具の間をぬって歩くことから始め、色々な広さの空間をうねりながら、ジグザグになど、いろいろな歩き方で歩いてみましょう。

71　どんどんばし（きつねが）

m r d l,
東京

・どんどんばし…水溜りやぬかるみ、用水などの上に置いた板切れの橋のこと

連なり歩き　　3歳位〜　　追視　空間認知

縦一列に並び（手はつながない）、うたに合わせて連なって歩く。

　2歳児クラスで行う場合は、大人が先頭になり、後ろに子どもが3〜5人程度ついて歩く態勢。
　年長児以上で、空間認識・視覚・体の動き（運動能力）が協応していれば、大人数で交差するように歩くのも楽しい。
　「きつね」の部分を子どもの名前やほかの動物名に変えることもできる。

72　しみたかほい

r d l,
新潟

連なり歩き　　3歳半〜　　追視　空間認知

縦一列に並び（手はつながない）、うたに合わせて連なって歩く。

　春先の雪国で子どもたちが雪原を歩くときに歌ったうた。
　積もった雪の表面が日中の日差しで解けたあと夜になって冷えて凍ると、固い「凍み雪」となり、雪の上を沈まずに歩けるようになる。

役あそび

あそびの中で役割を担い、その役割を交代する「役交代あそび」の練習になるあそびです。はじめは役の理解や交代ができなくても、少しずつわかるようになります。まずは少人数であそんでみましょう。

73 もぐらどんの

―「もぐらさん　もぐらさん　あさですよ　おきなさい！」

役あそび　3歳位〜　　役を知る

少人数の集団あそび。

鬼（もぐら）を1人決め、鬼以外の人は円を作る。鬼は円の中央で座って目をつぶる。

円の人は手をつないで反時計回りで8歩、円の中心に向かって8歩歩いて止まる。

円のうちの1人（1回目は予め誰か決めておき、2回目からはその前に鬼だった人が担う）がもぐらに声をかけ、鬼は「ハーイ」と返事して起きる。

起きた後は円のうちの1人を選んで役を交代し、新しい鬼は円の内側へ入り、元の鬼は円の人に加わる。

幼児が行う場合は、鬼は起きてすぐに円の人をつかまえる。円の人は手をつないだまま広がり、すぐにはつかまらないように鬼を避ける。

> 小正月（正月15日、または14日から16日までのこと）の「もぐら打ち（田畑を荒らすもぐらを追い払い、豊作を祈る行事。子どもたちが固く束ねた藁で地面をたたいてまわる。）」で歌ったうた。
>
> 慣れてきたら、起こすときに「ご飯ができたから起きなさい」など理由を添えることもできる。
>
> 3歳くらいの子どもは、鬼の役を代わりたくないと思ったり、鬼になりたくないと思うなど、役の交代を円滑に行えない場合もあるので、最初から確実に役の交代を行おうとする必要はない。
>
> このあそびのように、鬼が複数人いても成立する単純なあそびは、徐々に鬼という役とあそび方を理解し、役を交代できるようになるための、役交代あそびの前の練習に適している。

しぐさあそび

うたの内容に合ったしぐさをするあそびです。
　全員で円を作り、お互いの顔が見えるように円の内側を向いて立って行うのが基本の形ですが、2人であそべるもの（1対1で向かい合って行う）、決まった隊形を作らずにあそべるものもあります。

74　めんめんたまぐら

・たまぐら…かたつむり

①しぐさあそび　　3歳位～　　微細運動

両手の人さし指を頭の上に立て、拍に合わせて前に突き出す。

②自然―かたつむり

かたつむりに向かって歌う。

75　たこたこあがれ

r d
東京

①しぐさあそび　　3歳位～　　微細運動

凧揚げでひもを引くしぐさ、または凧になって風に乗っているようなしぐさをする。

②しぐさあそび

2組に分かれ、片方の組は凧揚げでひもを引くしぐさ、もう片方の組は凧になって風に乗っているようなしぐさをする。

76　こめこめこっちへこう

①しぐさあそび　　3歳位～　　微細運動

「米」からの4拍は両手を自分の方に向かって呼び込むように振り、「粟」からの4拍は両手を外に向かって払うように振る。

77　けむりけむり

r d
山口

・かんす：鑵子…青銅・真鍮などで作った湯沸し用の器。茶釜。

しぐさあそび　3歳位〜　　微細運動

「煙」からの8拍は両手を外に向かって払うように振り、「鑵子」からの8拍は両手を自分の方に向かって呼び込むように振る。

78　ちょうちょかんこ

m r d l,
高知

・かんこ…かわいい子
・なのは／なんな…菜の花
・てんてがいやならかんこに
　…手が嫌なら頭に

①しぐさあそび　3歳位〜　　微細運動

両手を羽ばたくように動かしながら自由に歩く。うたの最後に近くにいる人に会釈する。

②自然─蝶々

蝶々に向かって歌う。

③役交代　3歳位〜　　微細運動

鬼（蝶々）を1人決める。それ以外の人は円を作る。
鬼は円の内側で両手を羽ばたくように動かしながら歩き、うたの終わりで円の人を1人選んで役を交代する。
新しく鬼になった人は円の内側へ入り、鬼は円の人に加わる。

　　③は、シンボルになるようなもの（色紙で作った蝶々など）を使うこともできる。
　　その場合は、鬼がシンボルを持って歩き、役を交代するときに次の鬼に渡す。

8　楽譜とあそび方

79 きゃあろのめだまに

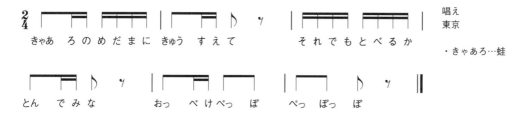

唱え
東京

・きゃあろ…蛙

①しぐさあそび 3歳〜　空間知覚　平衡感覚　脚力

うたに合わせて全員がその場でかえる跳び（足を軽く開いてしゃがみ、両足を揃えて跳び上がる。手は両足の間に入れる。）をする。

②役交代 3歳〜　空間知覚　平衡感覚　脚力

鬼（きゃあろ）を1人決める。鬼以外の人は円を作り、手をつながずに立つ。
鬼は円の内側に入り、①のかえる跳びの体勢で円に沿って反時計回りに進む。うたの終わりで円の人の方を向いて止まる。鬼と向かい合った人が次の鬼になり、あそびを繰り返す。うたは全員で歌う。

80 くまさんくまさん

m r d
宮城

①しぐさあそび 3歳半〜　平衡感覚　相手との協応

2人組になって向かい合い、二重円を作る。
「くまさんくまさん」…手を4回たたく。（4回とも同じ）
「回れ右」…右向きに4歩分で1回まわる。
「両手をついて」…相手と両手を4回合わせる。
「片足上げて」…4回片足跳びをする。
「さようなら」…おじぎをしたあと、円の外側に立っている人が右にずれて、それぞれ新しい相手と組む。
新しい2人組で同じ動きをはじめから繰り返す。

②大縄跳び 7・8歳〜　リズム感　脚力　脚力

大縄を跳びながら①の動作をする。（相手と手を合わせるところは、しゃがんで床をさわる）

鬼きめ

　特別な役割を担う存在である「鬼」が必要なあそびの前に、はじめの鬼を決めるために使ううたです。
　基本の形は、円形に並んだ人がそれぞれ前に出した左右の手を、鬼を決める人が拍に合わせて1つずつ数えるように触っていき、うたの最後（のことば）にあたった人が鬼になります。
　休符の部分を数に入れるか否かについては、特に決まりはありませんが、うたの内容（ことば）に合わせると自然な流れになるでしょう。
　前に出す手は、縦向き（親指側を上にする）のにぎりこぶしが基本ですが、手のひらを上に向けて開く場合もあります。
　鬼を決める人の進み方は、右手の人さし指（右利きの人が多いので）を出して、円の内側を反時計回りに進むと自然な動きになります。
　最初の鬼決め役は、子どもの様子（出来そう、やってみたそうな様子や、自信を持たせるためのサポートとしてなど）を見て大人が指名するとよいでしょう。年少児が鬼を決める役を担う場合は、順番にひとつずつ手を触れるか見守ります。また、はじめてのうたを紹介する場合は、大人が鬼決め役になり、モデルを示すとよいでしょう。
　鬼きめのうたに内容（意味）が不明なものが比較的多いのは、鬼きめの楽しさを十分に味わうために、子どもたちがひとつのことばから連想したことばや、語呂のよいことばをつなげてうたを長くしたことも理由のひとつと思われます。

81　どのこがよいこ

唱え
東京

どのこが　よいこ　このこが　よいこ

鬼きめ　3歳半位〜　　目と指先の協応

鬼を決める人が1人。それ以外の人は円を作って内側を向いて立ち、手を握って前に出す。
鬼を決める人は円の内側に入り、ひとつひとつのこぶしを数えるように人さし指で触りながら、反時計回りで進む。うたの最後でこぶしを触られた人が鬼になる。

8　楽譜とあそび方

82　いものにたの

r d
福井

・とうなす：唐茄子…かぼちゃ

鬼きめ　4歳〜　　目と指先の協応　言語

鬼を決める人が1人。それ以外の人は円を作って内側を向いて立ち、手を握って前に出す。
鬼を決める人は円の内側に入り、ひとつひとつのこぶしを数えるように人さし指で触りながら、反時計回りで進む。うたの最後でこぶしを触られた人が鬼になる。

　　かぞえうたとして歌うこともできる。

83　いちごにんじん

r d
大分

鬼きめ　4歳〜　　目と指先の協応　言語

鬼を決める人が1人。それ以外の人は円を作って内側を向いて立ち、手を握って前に出す。
鬼を決める人は円の内側に入り、ひとつひとつのこぶしを数えるように人さし指で触りながら、反時計回りで進む。うたの最後でこぶしを触られた人が鬼になる。

　　かぞえうたとして歌うこともできる。

84 ちんぷんかんぷん

m r d
静岡

ちんぷん かんぷん もくろく いっぽん きれ り ま しょ

鬼きめ　4歳〜　　目と指先の協応

鬼を決める人が1人。それ以外の人は円を作って内側を向いて立ち、手を握って前に出す。

鬼を決める人は円の内側に入り、ひとつひとつのこぶしを数えるように人さし指で触りながら、反時計回りで進む。うたの最後でこぶしを触られた人が鬼になる。

85 てざらこざら

r d
佐賀

・てざら：手皿
・こざら：小皿

てざら こざら さらみて ちょいとひけ てのはら しょうぶ
だがへっ た げんぱち さらはち うんとこ ぱちりん しょ

鬼きめ　4歳半〜　　目と指先の協応

鬼を決める人が1人。それ以外の人は円を作って内側を向いて立ち、手のひらを上に向けて（握らずに）前に出す。

鬼を決める人は円の内側に入り、ひとつひとつの手を数えるように人さし指で触りながら、反時計回りで進む。「（だがへっ）た」で一旦止まり、次の休符のところは動かない。うたの最後で手を触られた人が鬼になる。

86　ろんろばっちゃろ

mrdl,
長野

鬼きめ　5・6歳〜　目と指先の協応

鬼を決める人が1人。それ以外の人は円を作って内側を向いて立ち、手を握って前に出す。

鬼を決める人は円の内側に入り、ひとつひとつのこぶしを数えるように人さし指で触りながら、反時計回りで進む。「（ろんろばっちゃ）ろ」で一旦止まり、次の休符は動かない。うたの最後でこぶしを触られた人が鬼になる。

歌詞の意味は不明。このうたと同じく長野に「どんどろばっちゃど　どど　どしやの　竹の葉にくわえて抜けない　ぼうやは　いつ抜けた　たったのた」という鬼きめのうたがある。

87　じょうりきじょうりき

rdl,
青森

鬼きめ　6歳〜　目と指先の協応

鬼を決める人が1人。それ以外の人は円を作って内側を向いて立ち、手を握って前に出す。

鬼を決める人は円の内側に入り、ひとつひとつのこぶしを数えるように人さし指で触りながら、反時計回りで進む。うたの最後でこぶしを触られた人が鬼になる。

> もとは草履隠しのあそびの鬼を決めるときに歌ったうた。
> 「じょうり（き）」…「草履」、「ていしゅ」…「亭主」、「おっこのみ」…東北方言で「イチイの実」、「さしのみ」…「イタドリ（スカンポ）」、「さぎ」…「先」、「じゅんじゅとぬげろ」…「順に抜けろ」など、意味が推定できることばもある。

88 おちょぼちょぼちょぼ

m r d l,
2分音符、タイ

鬼きめ　7歳〜　　目と指先の協応

鬼を決める人が1人。それ以外の人は円を作って内側を向いて立ち、手を握って前に出す。

鬼を決める人は円の内側に入り、うたの初めの8分休符から1拍ごとにこぶしを1つずつ触りながら、反時計回りで進む。4分休符の前では一旦止まり、休符は動かない。2分音符は2拍分なので2つ（1拍ごとに1つ）のこぶしを触ることになる。うたの最後でこぶしを触られた人が鬼になる。

89 てれれっぽ

鬼きめ 7歳〜　目と指先の協応

鬼を決める人が1人。それ以外の人は円を作って内側を向いて立ち、手を握って前に出す。鬼を決める人は円の内側に入り、うたの初めの8分休符から1拍ごとにこぶしを1つずつ触りながら、反時計回りで進む。「(つよのめ) ちりん」で一旦止まり、4分休符のところは動かない。4分休符以外は、8分休符も延ばす音のところもすべて拍に合わせて動く。うたの最後でこぶしを触られた人が鬼になる。

　　もとは草履隠しやかくれんぼのあそびの鬼を決めるときにうたったうた。
　　歌詞の意味は不明。

90 かげんぼうし

鬼きめ 8・9歳〜　目と指先の協応

鬼を決める人が1人。それ以外の人は円を作って内側を向いて立ち、手を握って前に出す。鬼を決める人は円の内側に入り、ひとつひとつのこぶしを数えるように人さし指で触りながら、反時計回りで進む。うたの最後でこぶしを触られた人が鬼になる。

91 ずいずいずっころばし

m m a r d l,
2分音符
東京

・おちゃわんかいたの：お茶碗
　欠いたの

鬼きめ　9歳〜　　目と指先の協応

鬼を決める人が1人。それ以外の人は円を作って内側を向いて立ち、手を握って前に出す。
鬼を決める人は円の内側に入り、ひとつひとつのこぶしを数えるように人さし指で触りながら、反時計回りで進む。休符の前では一旦止まり、休符のところは動かない。うたの最後でこぶしを触られた人が鬼になる。

「お茶壺道中」の様子を歌ったうたとされる。お茶壺道中とは、江戸時代、将軍家御用の新茶を運んだ行列。宇治茶を茶壷に入れて運んだ。将軍家御用という権威をかさに、道中では横暴な振る舞いも多かったという。

8　楽譜とあそび方

役交代あそび

　鬼と鬼以外の人が、それぞれ決められた動作をしながら歌い、うたの最後に鬼の役を交代する集団あそびです。

　鬼以外の人は円を作り、鬼はその円の中に入るのが基本の形です。基本の形の中でも数多くのバリエーションがあり、鬼だけ歩く・鬼以外の人（円を作っている人）だけ歩く・鬼も鬼以外の人も歩く、鬼以外の人が歩く場合は手をつなぐ・つながない、交代する相手は鬼が選ぶ・並び順で決まる・じゃんけんで決まる・決められた動作によって決まる・課題によって決まるなど、あそびによって異なります。

　鬼以外の人が円を作るときは、円の内側を向きます。

　鬼だけが歩くときは、鬼は円の内側を反時計回りに歩きます。

　円の人（鬼以外の人）が歩くときは、鬼が歩くか否かに関わらず反時計回りに歩くか、前後に歩きます。

　鬼も円の人も歩くときは、鬼は円の内側を時計回りに、円の人は反時計回りに歩き、両者は反対向きに進みます。

　「鬼」と「鬼以外の人」などが掛け合いで歌う「交互唱」をする場合は、楽譜内に歌う人を（ ）で書き入れました。なお、交互唱で「みんな」とあるときは、特に指定していなければ鬼以外の人全員が歌います。

92　ずくぼんじょ

ｒｄｌ，佐賀

・ずくぼんじょ…つくし

役交代―しぐさ　3歳半〜　　空間知覚　体幹

鬼（ずくぼんじょ）を1人決める。鬼以外の人は円を作り、手をつながずに立つ。

鬼は両手を合わせてまっすぐ上に挙げ、円の内側を円に沿って反時計回りで歩く。うたの終わりに円の人の方に向き、「さい」で近くにいる人に向かって膝を曲げて挨拶する。挨拶された人が次の鬼になり、あそびを繰り返す。うたは全員で歌う。

93　ぜんまいわらび

ぜんまい わらび なんで こし かがんだ
おやのひに とと くうて そんで こし かがんだ

r d l,
京都

・とと…魚

①役交代―しぐさ　3歳半〜　空間知覚　体幹

鬼（ぜんまい・わらび）を1人決める。鬼以外の人は円を作り、手をつながずに立つ。

鬼は杖をつくしぐさをしながら歩き（腰は曲げなくてよい）、うたの最後の「だ」で杖を渡すしぐさをして役を交代する。挨拶された人が次の鬼になり、あそびを繰り返す。

うたは全員で歌う。

②役交代―しぐさ・交互唱　3歳半〜　空間知覚　体幹

基本的なあそび方は①と同じ。ただし、うたは円の人と鬼が交互に歌う（交互唱）。鬼は歌うときは立ち止まり、その場で杖をつくしぐさをする。

94　おじいさんおばあさん

おじいさん おばあさん なにくって かがんだ えびくって かがんだ

r d

①役交代―しぐさ　3歳半〜　空間知覚　体幹

鬼（おじいさん・おばあさん）を1人決める。鬼以外の人は円を作り、手をつながずに立つ。

鬼は杖をつくしぐさをしながら歩き（腰は曲げなくてよい）、うたの最後の「だ」で杖を渡すしぐさをして役を交代する。挨拶された人が次の鬼になり、あそびを繰り返す。

うたは全員で歌う。

②役交代―しぐさ・交互唱　3歳半〜　空間知覚　体幹

基本的なあそび方は①と同じ。ただし、うたは円の人と鬼が交互に歌う（交互唱）。鬼は歌うときは立ち止まり、その場で杖をつくしぐさをする。

8　楽譜とあそび方

95　ほたるこい

ほ た る こい　やまみち こい
あん どの ひかりを ちょいと みて こい

m r d l,
東京

①役交代―しぐさ　3歳半〜　空間知覚　微細運動

鬼を1人決める。鬼以外の人は円を作り、手をつながずに立つ。
鬼（ほたるをつかまえる人）はシンボルになるもの（折り紙で作ったちょうちんなど）を持ち、うたの最後の「こい」でシンボルを渡して役を交代する。
円の人は、ほたるを呼び寄せるように両手を動かす。
うたは全員で歌う。

②役交代―しぐさ　4歳〜　空間知覚　微細運動

基本的なあそび方は①と同じ。ただし、鬼は時計回り、円の人は反時計回りで同時に歩く。

96　おちゃをのみに

お ちゃを の みに きてください はい こん にち は
いろいろ おせわに なりまし た はい さようなら

m r d
宮城

役交代―2人で動作　4・5歳〜　空間知覚　相手との協応

鬼（お客）を1人決める。鬼以外の人は、円を作って手をつなぐ。うたは全員で歌う。
「お茶を〜来てくだ（さい）」…鬼は円の内側で円に沿って時計回りで歩き、円の人は反時計回りで歩く。
「（来てくだ）さい」…全員立ち止まる。鬼は円の方を向いて止まる。
「はい、こんにちは」…鬼と、鬼と向かい合った人の2人だけでおじぎして挨拶する。（以下、2人だけで動作をするが、うたは全員で歌う。）
「いろいろお世話になりました」…2人が両手をつなぎ、その場で1周半回る（2人の位置が入れ替わる）。
「はい、さようなら」…2人でおじぎして挨拶し、役を交代する。

97　おつきさんこんばんは

m r d l,
2分音符
群馬

①役交代―じゃんけん　5歳～　　空間知覚　微細運動

鬼（お月さん）を1人決める。鬼以外の人は、円を作って手をつなぐ。うた
は最後まで全員で歌う。
「お月さん」…鬼は円の内側で円に沿って時計回りで4歩歩いてから円の方に
向いて止まる。円の人は反時計回りで4歩歩いて止まる。
「こんばんは」…鬼と、鬼と向かい合った人2人がおじぎをする。
「おはいり」…おじぎをした2人が両手をつなぎ、その場で半周する（2人の
位置が入れ替わる）。
「じゃんけんぽん」…じゃんけんをする。
「負けたら～お月さん」…鬼が勝った場合は2人で手をつないで1周（鬼は元
の位置に戻る）、鬼が負けた場合とあいこの場合はその場で半周回る（2人の
位置が入れ替わる）。

②大縄跳び　7・8歳～　　空間知覚　微細運動

1人が先に大縄に入って跳んでいるところに、「おはいり」で次の人が入り、
2人でじゃんけんをする。負けた方が縄から抜ける。
残った人（勝った人）は、その場で跳び続ける。このとき、次のじゃんけん
ができるように次に入る人との位置関係を確認して、跳びながら自分の位置
や向きを調整する。次の人は常に同じ方向から入り、負けた人は常に同じ方
向に抜ける。

98　ひふみよ（いっかんおわった）

①役交代─組を作る　4・5歳〜　空間知覚　仲間　決断

鬼を1人決める。鬼以外の人は円を作る。全員で歌いながら、鬼は円の内側で円に沿って時計回りで歩き、円の人は反時計回りで歩く（手はつながない）。うたが終わったら2人組を作る。

参加人数が奇数だった場合は2人組を作れなかった人、偶数だった場合は鬼と組んだ人が次の鬼になる。

②役交代─組を作る・交互唱　5歳〜　空間知覚　仲間　決断

①のあそび方で、歌は、鬼と円の人が交互に歌う。鬼から歌い始め、「おっしゃった」までは2小節ずつを交互に、「そら〜」から最後までは円の人が歌う。

③役交代─組を作る・交互唱　学童　空間知覚　仲間　決断

②と同じあそび方で、うたが終わったら鬼が好きな人数（○人）を言い、その人数で組を作る。

数が多くなると、人数がそろったところとそうでないところが見分けにくくなるので、組を作れたらその場にしゃがむようにするとよい。

　　もとは、主に正月のあそびとして、手まりをつくときに歌ったうた。
　　手まりは、丸めた綿を芯にして表面を色糸でかがったもの。
　　はずまないので、座ってついた。

99 かわのきしの

①役交代―組を作る　　4・5歳～　　空間知覚　仲間　決断　数

鬼を1人決める。鬼以外の人は円を作る。全員で歌いながら、鬼は円の内側で円に沿って時計回りで歩き、円の人は反時計回りで歩く。うたが終わったら2人組を作る。参加人数が奇数だった場合は2人組を作れなかった人、偶数だった場合は鬼と組んだ人が次の鬼になる。

②役交代―組を作る　　5・6歳～　　空間知覚　仲間　決断　数

①のあそび方で「2人連れ」を「3人連れ」「4人連れ」と歌い替え、その人数で組を作る。

100 ちんちろりん

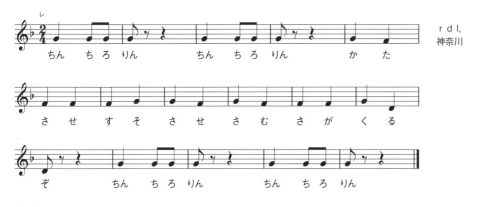

役交代―音源あて　　4・5歳～　　方向　聴覚

鬼を1人決める。鬼以外の人は円を作って立つ（または座る）。円の人の1人は鈴（または鐘）を持つ。鬼は円の内側に入り、目隠しをして立つ。（または座る）
円の人はうたが始まったら、音を鳴らさないように気をつけながら隣の人へ鈴を渡していく。うたが終わったときに鈴を持っている人が、鈴を鳴らす。鬼は目隠しをしたまま、音が聞こえた方向を指さす。方向が合っていれば、鈴を鳴らした人が次の鬼になる。合っていなければ鬼を続ける。

101　つぶさんつぶさん

m r d l,
広島

・つぶ…小さな巻貝。つぶ貝、田螺（たにし）。

―（鬼の後ろに立っている人）「カーカー」

役交代―声あて・交互唱　4歳〜　空間知覚　音色

鬼（つぶさん）を1人決める。鬼以外の人は円を作って手をつないで立つ。鬼は円の中央で立つ。

「つぶさん〜なぜいやだ」…円の人は反時計回りで歩く。ただし鬼がうたうときはその場で止まる。

「でっちゃあつつきでちゃつつき」…円の人は手でからすのくちばしを作り、鬼をつつくしぐさをする。鬼は目をつぶってしゃがむ。

「それが〜ゆけません」…円の人は反時計回りで歩く。

うたが終わったら円の人は止まり、鬼の後ろに立った人が鬼に向かって「カーカー」と言う。鬼はそれが誰の声かを答え、当たったら鬼を交代する。

102 おつきさんなしゃほしゃ

r d l,
2分音符、4分の4拍子、
変拍子
佐賀

・こふくろ…子梟
・だいよ…誰よ

役交代―声あて　5歳～　空間知覚　音色

鬼を1人決める。鬼以外の人は円を作る。鬼は円の中央でしゃがんで目をつぶる。
円の人は手をつないで歌いながら反時計回りで歩き、「だいよ」まで歌ったら止まる。「ちりん　からん　ぽて」を鬼の後ろに立っている人が歌い、鬼はそれが誰の声かを答える。当たったら鬼を交代する。

　　月が明るく星が見えない夜、月に向かって「なぜ星が出ないの？
　　お月さんから憎まれてそれで出ないの？」と歌ったうた。

103　りょうしさん

r d
唱え
群馬

――（鬼に打たれた人）「ケーンケーン」など

役交代―声あて　　4・5歳～　　空間知覚　音色

鬼（猟師さん）を1人決める。鬼以外の人は円を作る。鬼は円の中央でしゃがんで目をつぶる。円の人は手をつないで反時計回りで歩きながら「なんだろな」まで歌う。

「どかん」は、鬼が目をつぶったまま好きな方向に鉄砲を撃つしぐさをして言う。鬼が鉄砲を打った方向に立っていた人（1人）が鳥（その他の動物でも可）の鳴きまねをし、鬼はそれが誰の声かを答える。当たったら鬼を交代する。

104　ひとまねこまね

m r d l,

――（合図された人）「コンコン」

役交代―声あて　　5歳～　　空間知覚　音色

鬼を2人決める。鬼以外の人は円を作る。鬼の1人〔A〕は、円の中央でしゃがんで目をつぶる。もう1人の鬼〔B〕はきつねの人形かハンカチを持って円の内側に入る。

円の人は手をつないで反時計回りで歩き、鬼〔B〕は、円の内側で円に沿って時計回りで歩く。円の人は最後の「ほえろほえろ」の「ろ」でしゃがむ。

うたが終わったら、鬼〔B〕は円の人（1人）の頭または肩を軽くたたいて合図し、たたかれた人は「コンコン」と言う。鬼〔A〕はそれが誰の声かを答える。当たったら声を出した人と鬼〔A〕が交代し、しゃがんでいた鬼〔A〕は合図をする鬼〔B〕の役に、合図をした鬼〔B〕は円に入る。

　　たたかれた回数だけ鳴くなどの課題を加えることもできる。

105　じゅうごやのおつきさんな

①役交代—1人ずつ触る・交互唱　3・4歳〜　空間知覚　目と指の協応

鬼を1人決める。鬼以外の人は円を作って手をつなぐ。鬼は円の中央でしゃがむ。円の人は「ささよい」まで歌いながら反時計回りで歩いて「よい」で座る（手は離してよい）。鬼は円の人が座るのと同時に立ち上がり、「あずき」からは1人で歌いながら円の人の頭をひとりずつ触っていく。「しょ」で頭を触られた人が次の鬼になる。

②役交代—目をつぶって触る・交互唱　5歳〜　空間知覚　平衡感覚

「よい」までは①と同じ。ただし鬼は最初から最後まで目をつぶり、円の人は座らずに手をつないだまま立っている。鬼は、うたが終わったら目をつぶったまま手探り（立っても座ったままでもよい）で円の人に触る。触られた人が次の鬼になる。

> 人数が多い場合は、②のあそび方で鬼の数を増やすこともできる。
> 鬼に自分が触った人が誰かを当てる課題を加えるとあそびの難易度が上がる。

十五夜は、旧暦の8月15日（中秋）の夜のことを指す。里芋を供えるので「芋名月」とも呼ぶ。月見の行事には、芋など秋の収穫を祝い、月に感謝する意味があったと言われる。

わらべうたには、信仰の対象であり身近な存在でもあった月に呼びかけるうたが多くある。月が古くから人々の信仰の対象とされてきたのは、満ち欠けから「再生」をイメージしたり、月日を数えることができたり、潮の満ち引きとの関連に神秘を感じるなど、様々な場面で意識する存在だったからではないだろうか。

106　かごめかごめ

m r d l,
2分音符
東京

役交代―人あて　5歳半～　空間知覚　皮膚感覚　聴覚

鬼を1人決める。鬼以外の人は円を作り、鬼は円の中央でしゃがんで目をつぶる。円の人は手をつないで反時計回りで歩き、うたの終わりで止まる。鬼は自分の真後ろに立っている人が誰かを当てる。

　もとは勘で当てたあそびだが、声あてのあそびとして行うこともできる。声あてのあそびにする場合は、「すべった」まで歌ったら止まり、鬼の真後ろに立つ人が1人で「後ろの正面誰？」を歌う。
　同様のうたが全国にあり、歌詞についてもいろいろな解釈がある。民俗学者の柳田國男は「かごめ」は「屈め」の転化としている。また、浅野建二は「夜明けの晩」は「明け方のまだ暗い時分」の意とする。
　その他、「つるとかめ」は「つるつる（とすべった）」、「後ろの正面」は「真後ろ」などの解釈がある。

107　かくれかご

r d l,
青森

役交代―人あて　4・5歳～　記憶力　観察力

鬼を1人決める。鬼は部屋を出るなど、その場を離れる。鬼が居ない間に鬼以外の人のうちの1人がどこかに隠れる。隠れたことを確認したら残った人でうたを歌う。うたを合図に鬼はもとの場所に戻り、誰がいなくなったかを答える。

　1人が隠れるのと同時に、残りの人が並び順・立っている場所を変えると、難易度（鬼の側から）が上がる。

複数の役交代あそび

基本的には「役交代あそび」と同じですが、鬼の数が複数になり、あそび方そのものの難易度も上がります。

複数人の鬼が円を作り、その外側に鬼以外の人が円を作るのが基本の形です。回りながら歩く場合は、鬼が作る内側の円の人は時計回り、鬼以外の人が作る外側の円の人は反時計回りに歩きます。鬼はそれぞれ、うたの終わりで鬼以外の人と役を交代します。

108　おにやめずるいや

おに やめ ず るい や　だいこん しょって に げ ろ　唱え

複数役交代—しぐさ　4・5歳〜　　空間知覚

複数人（目安としては集団の4分の1〜3分の1くらいの人数）の鬼を決める。鬼以外の人は円を作り、鬼は円の内側に入って円の人の方を向いて立つ。
「鬼やめずるいや」…円の人が拍に合わせて手を軽く上下に動かしながら鬼を指さす。鬼は聞くだけで何もしない。
「大根 背負って逃げろ」…円の人はしぐさをせず唱えるのみ。鬼は大根を肩に背負うしぐさ（両手を握って上下に重ね、片方の肩の前で拍に合わせて軽く上下に振る）をしながら、円の方に向かって7歩歩き、目の前にいる人と鬼を交代する。

109　とんびとんび

r d l,

- とんび：鷹…タカ科の鳥。とび。円を描くように飛ぶ。
- しなの：信濃…旧国名の一。現在の長野県にあたる。
- かねたたき：鉦叩き…鉦をたたき経文を唱えながら托鉢して歩いた僧。

複数役交代—しぐさ　4・5歳～　空間知覚　方向

複数人（目安としては集団の4分の1～3分の1くらいの人数）の鬼を決める。鬼以外の人は円を作り、鬼はその円の内側で円を作る。どちらの円も円の内側を向いて手をつなぐ。

「とんびとんび～かねたたき」…外の円は反時計回りで歩き、中の円（鬼）は時計回りで歩く。
「1日叩いて米三合」…外の円は止まって両手で器を作り、軽く上下に動かす。鬼は向きを変え、両手で器を作って動かしながら外の円に向かって歩く。うたの最後の「ごう」で、鬼が自分の器から外の円の人の器に米をあけるしぐさをして役を交代する。

110　たけのこめだした

たけのこめだした　はなさきゃひらいた
はさみでちょんぎるぞ　えっさえっさえっさ

複数役交代—しぐさ・じゃんけん　5歳〜　空間知覚　微細

複数人（目安としては集団の4分の1〜3分の1くらいの人数）の鬼を決める。
鬼以外の人は円を作り、鬼は円の内側に入って円の人の方を向いて立つ。
「たけのこ芽出した」…全員が両腕を上げ、頭の上で手を斜めに上げ下げする。
（以下じゃんけんの前までは全員同じ動きをする。）

「花咲きゃ開いた」…両腕を左右に広げて軽く上下に動かす。

「はさみでちょんぎるぞ」…体の前で両手の人さし指と中指ではさみをつくって軽く上下に動かす。

「えっさえっさえっささ」…鬼は円の方に向かって歩き、最後の「さ」で円の人とじゃんけんをする。じゃんけんに勝った鬼は円の人と役交代し、負けたら円の内側に戻る。鬼とじゃんけんをしなかった人は、「はさみで〜」から最後までずっと同じ動作を続ける。

111　ぼうさんぼうさん

m r d l,
東京

複数役交代─目をつぶってつかまえる・人あて・交互唱

5歳半〜　　平衡感覚　皮膚感覚

複数人（目安としては集団の5分の1〜4分の1くらいの人数）の鬼を決める。鬼以外の人は円を作り、鬼はその円の内側で円を作る。どちらの円も円の内側を向いて手をつないで立つ。どちらもうたは動くときだけ歌う。
「坊さん〜いくの」…外の円だけ反時計回りで8歩歩く。
「わたしは〜狩りに」…中の円（鬼）だけ時計回りで8歩歩く。
「それなら〜しゃんせ」…外の円だけ反時計回りで8歩歩く。
「おまえが〜なる」…中の円だけ時計回りで7歩歩く。
「この〜坊主」…外の円の人は手を離して鬼の方へ歩き、鬼の背中を軽くたたいてから元の場所に戻る。鬼は目をつぶってしゃがむ。
「後ろの正面誰」…外の円の人は手をつないで反時計回りで6歩歩き、最後の「（だ）れ」で手をつないだまましゃがむ。
鬼はうたが終わったら目をつぶったまま手探りで外の円の人をつかまえ、その人が誰かを当てる。当たったら鬼を交代する。外の円の人は、鬼がそれぞれ1人ずつ誰かをつかまえるまでつないだ手を離さない。

隊列あそび

　　列を作って行う幼児・学童の集団あそびです。形は横一列・縦一列、歩き方は向かい合って前後に・渦巻状になど、いろいろなバリエーションがあります。
　　基本は列の形ですが、円の形を作って歩くあそびも隊列あそびに加えました。

112　いっぴきちゅう

m r d
長野

いっ　ぴき　ちゅう　　　も　とに　かえっ　て　に　ひき　ちゅう
に　ひき　ちゅう　　　も　とに　かえっ　て　さん　びき　ちゅう
さん　びき　ちゅう　　　も　とに　かえっ　て　いっ　ぴき　ちゅう

―「ちゅうちゅうちゅうちゅう」

隊列―円　3歳半～　　空間知覚　平衡感覚

円を作って手をつなぎ、4歩ずつ前へ、後ろへと歩く。最後の「いっぴきちゅう」で小さな円になったあと、「ちゅうちゅうちゅうちゅう」と言いながら後ずさりする。

113　でんでんむし

r d l,
京都

でん　でん　む　し　で　む　し　　で　な　かま　ぶ　ちわろ

①隊列―うずまき歩き　4歳半～　平衡感覚　目と体の協応

全員で円を作り、手をつなぐ。列の先頭になる人と最後の人（隣り合う2人）を決め、その2人だけ手を離す。先頭の人は円の内側に向かって列がぐるぐると渦を巻くように歩く。
巻き終わったら、❶最後の人から広がっていく方法（難易度：低）、❷先頭の人から巻いたときと反対回りでほどく方法（難易度：中）、❸先頭の人が外に出て広がっていく方法（難易度：高）のいずれかで渦をほどく。
ほどけたら、先頭の人と最後の人が手をつないで円に戻る。

  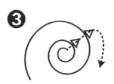

8　楽譜とあそび方　173

②**自然―かたつむり**

かたつむりに向かって歌う。

❷のほどき方は、並んでいる人の形態に合わせて自然に進んでいくと、外側を向いた円になるので、ほどけたあとに改めて内側を向いた円の形になるように歩くか、外側を向いた円になったところで全員内側を向き、最終は内側を向いた円の形になって終わる。

❸のほどき方は、まず出口を決める。通り道にあたる人はつないだ手を上げて門を作り、列を通す。先頭の人は手をつないだまま門をくぐったあと、大きな円を描くように広がりながら歩き続ける。

114　かりかりわたれ

ｒｄｌ，
東京

・かり…雁

①**隊列―うずまき歩き**　　4歳半〜　　平衡感覚　目と体の協応

全員で円を作り、手をつなぐ。列の先頭になる人と最後の人（隣り合う2人）を決め、その2人だけ手を離す。先頭の人は円の内側に向かって列がぐるぐると渦を巻くように歩く。

巻き終わったら、❶最後の人から広がっていく方法（難易度：低）、❷先頭の人から巻いたときと反対回りでほどく方法（難易度：中）、❸先頭の人が外に出て広がっていく方法（難易度：高）のいずれかで渦をほどく。ほどけたら、先頭の人と最後の人が手をつないで円に戻る。

②**自然―雁**

雁に向かって歌う。

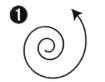 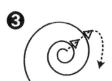

115　いもむしごろごろ

m r d l,
2分音符
東京

いもむしごろごろ
ひょうたんぽっくりこ

隊列―しゃがみ歩き　5・6歳～　　脚力　平衡感覚　協調性

全員が列になり、前の人につかまってしゃがみ立ちで歩く。
同じ方向に軽く揺れながら早さとタイミングを合わせる。

116　ひらいたひらいた

s m r d l,
2分音符、4分の4拍子
東京

・れんげのはな…蓮の花（蓮華）

ひらいた　ひらいた　なんのはなが
つぼんだ　つぼんだ　なんのはなが
ひらいた　れんげのはなが　ひらいた　ひらいたと
つぼんだ　れんげのはなが　つぼんだ　つぼんだと
おもったら　いつのまにか　つぼんだ
おもったら　いつのまにか　ひらいた

隊列―円　5・6歳　　空間知覚　平衡感覚

全員で円を作り、手をつないで反時計回りで歩く。
「いつの間にかつぼんだ」の間に歩きながら少しずつ円を小さくしていく。
「つぼんだ」からは、小さくなった円のままで逆回り（時計回り）で歩く。
「いつの間にか開いた」は少しずつ円が広がるように歩く。

蓮華は、睡蓮と違い、水面から茎を伸ばして花を咲かせる。朝早く花を咲かせ、
午後には閉じてしまう。仏教では蓮華は浄土に咲く花とされ、仏像の台座には
蓮華を象ったものが多い。

8　楽譜とあそび方

117　からすからすどこさいぐ

mrd 唱え
山形

隊列―横一列・問答・しぐさ　5・6歳～　　仲間関係　体の協調　ことば　空間知覚

２人組を作ってじゃんけんをし、勝った組と負けた組に分かれる。それぞれ横一列に並んで向かい合い、勝った組から歌い始め、8拍ずつ交互に歌う。自分の組が歌うときはうたに合ったしぐさをしながら前に進み、相手の組が歌うときはしぐさをせずに後退する。

「からす～」…両手を羽のように広げて上下に軽く振る。
「天寧寺の～」…腕を振って歩く。
「手に持った～」…人さし指で相手を指さすしぐさをする。
「粟の米～」…両手のひらで団子を丸めるようなしぐさをする。
「おれにも～」…人さし指で自分を指さすしぐさをする。
「くれれば～」…片手を左右に振って拒否するしぐさをする。
「減ったら～」…両手のひらで団子を丸めるようなしぐさをする。
「作れば～」…ひじと手首を曲げ、両手を下げる。
「冷だけりゃ～」…両手のひらを前に向けて火にあたるしぐさをする。
「あだれば～」…「冷だけりゃ～」と同じ。
「熱いなら～」…片手を左右に大きく振り、追い払うしぐさをする。
「そこ退きゃ～」…「熱いなら～」と同じ。
「痛けりゃ～」…両手のひらで丸めるしぐさをして最後に投げる真似をする。
投げられた方（負けた組）はその場で避けるしぐさをする。

　　「天寧寺の湯」は、会津若松市南東部にある温泉（東山温泉）のこと。
　　天寧寺の寺領だった時代があることから、天寧寺の湯と呼ばれた。

118　はないちもんめ

隊列─横一列・問答・じゃんけん　5・6歳〜　空間知覚　仲間関係

2人組を作ってじゃんけんをし、勝った組と負けた組に分かれる。それぞれ横一列に並んで手をつないで向かい合い、勝った組から歌い始め、8拍ずつ交互に歌う。自分の組が歌うときは前に進み、相手の組が歌うときは後退する。「相談しよう　そうしよう」のあと、それぞれ相手の組の中からほしい人を1人決める。勝った組が名前を入れて「○○ちゃんがほしい」と歌い、続けて負けた組も歌う。名前を呼ばれた人は前に出てじゃんけんをする。じゃんけんで負けた人は勝った人の組に入り、その組からうたい始めてあそびを繰り返す。

119　ねこかおう

①隊列─横一列・問答　8・9歳～　空間知覚　仲間関係

鬼を2人（「ねこの買い手」と「売り手」を1人ずつ）決める。買い手と売り手以外は「ねこ」の役。売り手と買い手は少し離れて向かい合う。ねこは売り手の後ろに横一列に並ぶ。

買い手は「○貫目で」と言うごとに1歩前に進む。売り手は、買い手が近づいてくる間は「まだまだ」と言い、買い手が自分の目の前まで来たら、「売った」と言う。売り手が「売った」というまで、買い手は4貫目、5貫目、6貫目とうたを続ける。

「売った」のあと、買い手は何人かのねこの頭を触り、触られた人は「ニャーン」と鳴く。買い手は鳴いたねこの中から1人選んで元いた場所に連れ帰り、あそびを最初から繰り返す。

買い手がねこを全員連れ帰ったら、次の買い手と売り手を決める。

②隊列─横一列・問答　5・6歳～　空間知覚　仲間関係

鬼（ねこの買い手）を1人決める。買い手以外の人はねこの役。ねこは横一列に並んで鬼と向かい合う。

買い手から歌い始め、4拍ずつ交互に歌う（売り手の部分もねこが歌う）。自分が歌うときは前に進み、相手が歌うときは後ろに退く。

3貫目まで問答を繰り返し、「売った」のあとで、買い手は何人かのねこの頭を触り、触られた人は「ニャーン」と鳴く。買い手は鳴いたねこの中から1人選んで元いた場所に連れ帰り、横に並ぶ。

次は、最初の買い手と選ばれたねこの2人が買い手となり、2人がそれぞれ1人ずつねこを選ぶ。あそびを繰り返すごとにねこが減って買い手が増えていく。ねこが全員いなくなったら終わり。

　　①のあそびを行う人数は、6～10人くらいが適当。②は大人数向けのあそび方。

120　おひなさまかいましょ

r d l,
東京

①隊列―横一列・問答・しぐさ・じゃんけん　8・9歳～　仲間関係　空間知覚　駆け引き

「雛人形の売り手」と「買い手」の2組に分かれる。
買い手の組は、売り手の組の誰を何雛（内裏雛・官女雛・囃子雛から選ぶ）として買うかを決める。
売り手の組は、何匁（○匁＝買い手の組の向かって左から○番目の人）で売るかを決める。
2組とも決まったら横一列で向かい合い、あそびを始める。買い手の組から歌い始め、8拍ずつ交互に歌う。自分の組が歌うときは前進し、相手の組が歌うときは後退する。売り手が決めた数までやりとりを続け、決めた数になったら「それなら売りましょ」と言って、それぞれの組で選ばれた人同士が前に出てじゃんけんをする。
買い手の組の人が勝った場合は、負けた売り手の組の人が指定された雛のしぐさをしながら相手の組に移動する。売り手の組の人が勝った場合は、人の移動はなく、売り手と買い手の役を交代する。

②隊列―横一列・問答　5・6歳～　仲間関係　空間知覚

基本的には①のあそび方と同じ。ただし、「○匁」ではなく名前で指名し、指名された人同士はじゃんけんをせずに相手の組へ移動する。買い手と売り手の役は1回ごとに交代する。うたは毎回「三匁」まで歌う。

> 雛祭りは、もとは身の穢れを払う行事で、3月初めの巳の日に水辺で手足を洗って清めたり、人の形に似せて作ったもの（人形）や衣服などを撫でて穢れを移し、身代わりとして川や海に流していた。鳥取などで行われる流し雛にはその名残が見られる。
> 雛人形は、初めは簡素な紙製のものだったのが、布製のものが表れて徐々に豪華になった。現在のような段飾りの雛人形は江戸時代後期に表れたと言われる。

流し雛　　　内裏雛　　　　　　　　　囃子雛

官女雛

121　こんにちは

やれやれやれこんにちは

rdl,
東京

― （答える組）「お国は？」
― （出題する組）「（その職業にふさわしい国名）」
― （答える組）「ご商売は？」
― （出題する組）「これから」
― （答える組）「何番地？」
― （出題する組）「（その職業の文字数）番地」
― （答える組）「はじめは？」
― （出題する組）「（その職業の最初の文字）」
― （答える組）「おわりは？」
― （出題する組）「（その職業の最後の文字）」

（例）もし答えが「文房具」なら

国　　名　＝日本
番　　地　＝五番地
最初の文字＝ぶ
最後の文字＝ぐ

隊列―横一列・問答　8・9歳〜　　想像力　知識　認識　仲間関係

質問をして職業を当てるあそび。
「出題する組」と「答える組」の2組に分かれる。
出題する組は、職業（何を売る店か、または職種の名前）を1つ選び、質問の答えになる内容を確認する。
少し離れた場所にそれぞれの陣地を決め、陣地の前で横一列に並んで向かい合う。
うたは出題する組が歌い、以降は組の全員でことばのやりとりをする。
出題する組の人は、最後のやりとりが終わったら一斉に、各自がイメージするその職業のしぐさをする。答える組は、出されたヒントを踏まえて相談し、職業を答える。
正解が出た場合は、出題した組の人は急いで陣地に戻り、答えた組の人は追いかける。つかまった人は答える組に移動する。
「出題する組」と「答える組」の役割を交代してあそびを続ける。つかまって組を移動した人（出題組にいた人）は、連続して出題することになる。

122　からすかずのこ

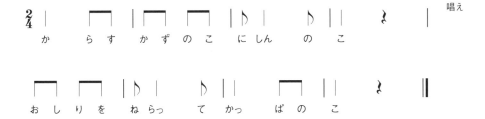

隊列—円・人数の増減　4・5歳〜　　空間知覚　仲間関係

鬼を1人決める。鬼以外の人は隣の人と間隔をあけないように意識しながら円を作り、内側を向いて立つ。

全員がうたを歌う中、鬼は円の外側を反時計回りで歩き、「お尻をねらって」のところで一番近くに立っていた人に近づいて肩に手を置き、「かっぱのこ」で拍に合わせてお尻を3回たたく。たたかれた人は円から抜けて鬼の前に入る。抜けた場所は詰める。

2人になった鬼は縦に並んで同様に歩き、「かっぱのこ」で先頭の鬼だけが円の人のお尻をたたく。常に、新たに鬼になった人（今たたかれた人）が鬼の列の先頭に入り、その人だけが円の人のお尻をたたく。繰り返していくと、円は小さくなり、鬼の列は長くなっていく。

円の人がいなくなるまで続ける。

　　最後の1人になったら、全員でおしりをたたくこともできる。
　　また、大人数で行う場合は先頭の鬼がわかりにくくなるので、最初の鬼がスカーフを巻くなど、目印をつけてもよい。

123　ほおずきばあさん

隊列―円・人数の増減　4・5歳～　　空間知覚　仲間関係

鬼を2人決める。1人は「ばあさん」の役、1人は「ほおずきの買い手」の役。それ以外の人は「ほおずき」の役。

「ほおずき」は円を作って内側を向いて座る。「ばあさん」は円の中央に入る。買い手とほおずきが問答する間、ばあさんは、水をまくなどほおずきの世話をするしぐさをする。買い手は歌うときは円の外を反時計回りで歩き、歌わない間はその場で立っている。

ほおずきは「芽が出ないよ」のときは小さめの声で、「芽が出たよ」のときは芽が出たように両手を合わせて頭の上に伸ばしはっきり歌う。

「はじから～ぬいとくれ」は、ばあさんと買い手が握手をする。

うたが終わったら、買い手は後ろからほおずき役の人の体を引き、ほおずきを抜く。抜かれたほおずき役の人は、買い手に加わる。

繰り返すごとに買い手が増え、ほおずきは減る。ほおずきが買い手の数より少なくなったら、適宜残ったほおずきを抜いて終わり。

門くぐり

　２人が作る門の下を、ほかの人が並んで歩き、順にくぐっていくあそびです。くぐる人は２人組で円を描くように歩き、門役はうたの最後に手を下ろして門を閉じるというのが基本の形です。門役の交代のしかたはあそびによって異なります。

　門の形とくぐり方は、４通りあります。それぞれのうたについて、適した形を紹介していますので、子どもがあそびやすい形を選んでください。

　門の形としては、片手で作る門（❶❷❸）と両手で作る門（❹）があります。片手で門を作る場合、門役は片手をつないで上げ、くぐる人の顔が見える向きで立ちます。くぐり方としては、２人組で手をつないで歩きながら門をくぐるのが基本の形（❸❹）ですが、あそびによっては１人ずつくぐることもあります（❶❷）。２人組で門をくぐる場合、横に並ぶとくぐりにくいので、くぐるときだけ手をつないだまま前後にずれます。

　慣れるまでは、❶の形が適しているあそびを選び、大人が門役に入るとよいでしょう。

　なお、門をくぐる人は、歩幅を変えことはできますが、走ってはいけません。門にかかりたくない（またはかかりたい）と気持ちがはやると早足になったり走ったりしたくなりますが、どのような形態であっても「歩いてくぐる」のが大事なルールであることを伝えたいですね。

❶大人と子どもが片手をつないだ門を作り、ほかの人は１人ずつくぐる。
　大人は全体の様子を見られるように、外側（くぐる人から見て右側）に立つ。

　　門の交代のしかた：門役の子どもと、門にかかった人、または（かかった人がいない場合）、門が下りたときに門の前にいた人が交代する。

❷子ども同士が片手で門を作り、ほかの人は１人ずつくぐる。

　　門の交代のしかた：門にかかった人とその次の人の２人、または（かかった人がいない場合）、門が下りたときに門の前にいた人と、その後ろの人の２人が門の役を交代する。

❸子ども同士が片手で門を作り、ほかの人は２人組でくぐる。

　　門の交代のしかた：あそび方によって異なる。交代する場合、門役だった２人は、つないでいた手を離して向きを変え、反対の手をつなぎ直して門をくぐる人の列に加わる。

❹子ども同士が両手で門を作り、ほかの人は２人組でくぐる。

　　門の交代のしかた：あそび方によって異なるが、この形であそぶ場合は、基本的に１回のあそびのはじめから終わりまで門役は交代しない。

124　どんどんばし（こんこが）

①門くぐり　　4歳〜　　目と体の協応　空間感覚

「門」役を2人決める。門の2人はつないだ手（片手）を上に上げて門を作る。門以外の人は、2人組になって手をつなぎ、縦に並んで円を描くように歩きながら門をくぐる（❸、p.183）。

うたは全員で歌い、門はうたの終わりの「れ」で手を下ろして閉じる。目の前で門が閉じて門をくぐれなかった2人組が次の門の役になり、門だった2人は門をくぐる人の列に入って、あそびを繰り返す。

②門くぐり　　3歳半〜　　目と体の協応　空間感覚

基本的には①と同じ（①よりやさしいやり方）。門は大人と子どもが2人で作り、門以外の人は列になって1人ずつ門をくぐる（❶、p.183）。うたの終わりで門をくぐれなかった人が次の門の役になる。大人は門役を続ける。

①は、2人組でくぐるのが難しい場合は、1人ずつくぐる（❶または❷、p.183）。②で大人が門を作る場合、内側に立つと、くぐる人の動き・位置関係から目の前しか見えなくなってしまうので、子どもの動きを把握しやすいように円の外側に立つ。

125　こんこんちきちき

こん　こん　ちきちき　こん　ちきち
やまぼこ　みたよな　いえたて　て
ねっ　から　おきゃくが　こん　ちきち

r d l,
京都

門くぐり　4歳〜　目と体の協応　空間感覚

「門」役を2人決める。門の2人はつないだ手（片手）を上に上げて門を作る。門以外の人は、2人組になって手をつなぎ、並んで円を描くように歩きながら順に門をくぐる（❸、p.183）。

うたは全員で歌い、門はうたの終わりの「ち」で手を下ろして閉じる。目の前で門が閉じて門をくぐれなかった2人組が次の門の役になり、門だった2人は門をくぐる人の列に入って、あそびを繰り返す。

「こんこんちきちき」は祇園祭のお囃子の音を表している。

126　にじのはし

わたろ　わたろ　あのはし　わたろ
にじのはし　わたろ　かさきて
わたろ　わたろと　おもたら　わたらんまに　きえた

s m r d
2分音符、4分の4拍子

①門くぐり―門を多く作る　5歳〜　目と体の協応　空間感覚　仲間関係

虹の橋を渡る人を2人決める。それ以外は2人組になり、それぞれ好きな場所でいろいろな高さの門（虹）を作る。虹を渡る人は手をつないで歩きながら、門の高さに合わせてくぐったりまたいだりする。

うたの最後で2人組が渡った門の2人が次に虹を渡る2人組に、虹を渡った2人は好きな場所で門を作り、あそびを繰り返す。

②自然―虹

虹が出たときに歌う。

①で門をつくるときに、いろいろな色の布を持つと見た目に美しい。

人数が多い場合は虹の橋を渡る2人組を複数にするとよい。

127　ひやふやの

門くぐり―2組に分かれる・内緒話

5・6歳〜　　目と体の協応　空間感覚　聴力　声のコントロール

「門」役を2人決める。門役の2人は他の人に聞かれないように何か2つのことば（梅と桜など）を選び、そのことばをどちらが担当するか決めてから門を作る。門は、両手をつないだ門の形にする。

門以外の人は2人組になって手をつなぎ、2人ずつ列に並んで全体で円を描くように歩きながら、1組ずつ門をくぐる（❹、p.183）。

門の人はうたの終わりで手を下ろし、門にかかった2人組のうち自分に近い方の人に、他の人に聞こえないように小声で、あらかじめ決めておいたことばを言ってどちらがよいかを尋ねる。訊かれた人も門の人だけに聞こえるように小声で返す。門の人は答えを聞いてどちらの門につくかを示し、答えた人はそれぞれ示された方の門の後ろに移動する。

最後の2人組が門にかかるまで繰り返して該当する門の方に移動したら、門役の2人はそれぞれ自分の後ろに何人いるか数える。多いほうが勝ち。

128　まめっちょ

s m r d l,
栃木

ま　めっちょ まめっちょ　いったま め ぽ り ぽ り　いんね ま め

な ま ぐ せ　す ずめ ら も　まわっ か ら　おれ ら も　まわりましょ

門くぐり―2組に分かれる・両足跳び・回りあそび

5・6歳〜　　目と体の協応　空間感覚　仲間関係　予測

「門」役を 2 人決める。門役の 2 人は他の人に見えないようにじゃんけんをし、勝ち負けを決めてから、向かい合ってつないだ手を上げて門を作る。門以外の人は 2 人組になって手をつなぎ、2 人ずつ列に並んで全体で円を描くように歩きながら、1 組ずつ門をくぐる（❹、p.183）。うたの終わりで門の人が手を下ろし、門にかかった 2 人組は、それぞれ門の 2 人のうちどちらか好きな方を選んで後ろにつく。

最後の 2 人組が門の後ろについたら、門役はどちらが勝ちの組かを言う。勝った組（じゃんけんで勝った門の人を選んでついていた人）は、手をつないで円（なべ）を作り、円の内側を向いて立つ。負けた組は円の内側に入る。勝った組は歌いながら反時計回りで歩く。負けた組はうたに合わせてその場で 4 回両足跳び・その場で 4 回回転を繰り返す（「豆」としてなべで炒られる）。

　なべ役の人数が少ない場合は、手はつながなくてもよい。

129　さあまきくば

f r d l, s,
沖縄

- まきくば…巻いてこい
- ひらきば…開けよ
- ふきくば…くぐれよ

門くぐり―円を作る・全員で手をつなぐ　　7・8歳〜　　空間知覚　柔軟性

全員で円を作って手をつなぐ。「門」役を2人決め、2人はつないだ手を上に上げる。右手を上げている人は左手を離し、手を離された人から門をくぐる。くぐったあとは円を描くように歩き続け、最後に左手を上げていた門の人も門の手を上げたまま門の中に体を入れてくぐり、元の円に戻る。2人の門役のうち、左手を上げていた人は右隣の人と手をつないで次の門を作る。右手を上げていた人は列の先頭になって最初に門をくぐる。
門役を1人ずつずらしながら、あそびを繰り返す。

130　いっせんどうかは

m r d
鹿児島

門くぐり―門が増える　　5・6歳〜　　空間知覚　予測　判断

「門」役を2人決める。門役はつないだ片手を上に上げて門を作る。門以外の人は2人組になって手をつなぎ、2人ずつ列に並んで全体で円を描くように歩きながら、門をくぐる（❸、p.183）。うたの終わりで門は手を下ろし、門にかかった2人組は、最初の門の後ろで同じ形の門を作る。
あそびを繰り返し、毎回、うたの終わりですべての門が下り、門にかかった人は次々に門の後ろにつく。門が増えると門にかかる人も増えていく。最後に門にかかった2人組が、次のあそびで最初の門になる。

131　いどのかわせの

門くぐり―2組に分かれる・内緒話・横一列・問答

5歳～　空間知覚 予測 仲間関係 声のコントロール

「門」役を2人決める。門役の2人は他の人に聞かれないように何か2つのことば（例：梅と桜など）を選び、そのことばをどちらが担当するか決めてから門を作る。門は、両手をつないだ門の形にする。

・あそびの前半　♪「いどのかわせの」
門以外の人は2人組になって手をつなぎ、2人ずつ列に並んで全体で円を描くように歩きながら、1組ずつ門をくぐる（❹、p.183）。
門の人は「とーんとん」のところで手を下ろし、門にかかった2人組のうち自分に近い方の人に、他の人に聞こえないように小声で、あらかじめ決めておいたことばを言ってどちらがよいかを尋ねる。訊かれた人も門の人だけに聞こえるように小声で返す。門の人は答えを聞いてどちらの門につくかを示し、答えた人はそれぞれ示された方の門の後ろに移動する。
人数が多い組が勝ち。

・あそびの後半　♪「かってうれしい」
勝った組と負けた組に分かれたら、それぞれ相手の組の誰がほしいか相談してから横一列に並んで向かい合う。勝った組から「かってうれしい」を歌い始め、うたが終わったら名前を呼ばれた２人が前に出る。２人はその場で手を握って互いに引き合い、足が動いたら負け。負けた人は勝った組に入り、「勝ってうれしい〜」以降を繰り返す。

　　「♪127　ひやふやの」と「♪118　はないちもんめ」をひとつにしたようなあそび。
　　勝ち負けは、引き合いではなく、じゃんけんで決めることもできる。

132　いちわのからすが

①門くぐり―円を作る・しぐさ　5歳〜　空間知覚　判断　言語

全員で円を作って立つ。うたの後半で作る門の位置（時計の下、柱の前など）とうたをいくつまで続けるか（決めた数まで「そら（数）抜けろ」と続けることになる）決めておく。
全員がその場で歌いながら、しぐさをするところは以下のような動作をする。
「かあか」…両手を上下させて羽ばたくしぐさを4回する。
「こけこっこ」…右手は頭の前、左手はお尻の後ろで、それぞれ左右に4回振る。
「泳ぎだす」…両手で大きく水をかいて泳ぐしぐさを4回する。
「おじいさん」…杖をつくしぐさを3回する。
「そら」で決めておいた位置に立つ2人がつないだ片手を上げて門を作る。門以外の人は手をつなぎ、門の人の正面に立っていた2人が先頭になって2人ずつ手をつないだまま門をくぐる。先頭の2人は門をくぐったあと手を離し、左右に分かれて円を描くように進みながら再び円を作る。先頭の2人が近づいて円になったら、円全体で反時計回りに歩きながら、はじめに決めておいた数までうたを続ける。
うたが終わったときに決めた位置に立っている2人が、次の門になり、あそびを最初から繰り返す。

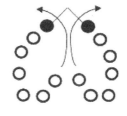

②大縄跳び　5歳〜　空間知覚　判断　言語

「一羽」「二羽」と数が増えるごとに1人ずつ縄に入って跳び、「そら○抜けろ」で1人ずつ抜けていく。

鬼ごっこ

　鬼が鬼以外の人をつかまえるあそびです。
つかまえ方の形としては、追いかけっこ型（鬼が追いかけてつかまえる）・目隠し鬼型（鬼が目隠しをして手探りでつかまえる）・子とろ鬼型（鬼が列の後ろにまわりこんでつかまえる）・影ふみ型（鬼が影を踏んでつかまえる）の4種類があります。
　幼児期にできるのは追いかけっこ型のあそびです。年長児が年度末の時期に少人数で子とろ鬼型のあそびができる場合もありますが、基本的には鬼ごっこは学童期のあそびです。
　追いかけっこ型のあそびに年少児が入る場合は、あらかじめ逃げる方向を決めておくとよいでしょう。慣れてきたら、空間を認知する力と体の器用さの発達状況を見ながら、難易度を上げることもできます。
　逃げるときに口が開いていると転んだりぶつかったりしたときに危険なので、逃げるときには声を出さないことを子どもに伝えましょう。
　「鬼」と「鬼以外の人」などが掛け合いで歌う「交互唱」をする場合は、楽譜内に歌う人を（　）で書き入れました。なお、交互唱で「みんな」とあるときは、特に指定していなければ鬼以外の人全員が歌います。
　生活の中でしゃがむことが少なくなっているので、あそびの中でしゃがむ動作がある場合は、ぜひ、お尻を床につけずにしゃがみ立ちするように声をかけてください。特に、しゃがみ立ちが苦手な足首が固い子ども、平衡感覚が弱い子どもは意識して様子を見ましょう。

　「鬼」という文字は、古代中国では死者の霊魂を意味していた。
　この漢字が伝わる前から日本には「オニ」ということばがあったといわれる。日本における「鬼」の概念は幅広く、時代によって姿や特徴もさまざまであるが、もっとも一般的なのは「人間を襲って食べる超自然的な存在」としてのイメージかもしれない。
　人は、鬼に食われると、鬼の世界に連れ込まれてさまようことになってしまう。「鬼ごっこ」のあそびは、「鬼ごと（鬼同・鬼事）」として、鬼が登場し、鬼から逃げ、鬼につかまるという一連の流れの実演であり、「子とろ」のあそびは「子を『取る＝殺す』」という意味で、鬼から子を守ろうと鬼の前に立ちはだかる親（地蔵様）と鬼の姿をあそびにしたものという説がある。
　一方、先祖の霊と結びつき、悪魔や悪霊を払う山の神として存在する鬼もいる。山の神としての鬼は、地下に住む悪霊を踏みしめ、人間よりはるかに強大な生命力を大地の中に踏み入れて山里に幸福をもたらすと考えられ、大地の力が弱まる冬に行われる行事には鬼が表れるものも多い。
　また、節分などの行事においては、鬼を追い出すことによって季節が変わる、つまり、鬼は冬から春へ移行するための一種のシンボルであるともいえる。

133　おくやまのおくの

おくやまの おくの ふるだぬき あめの ふるよも
ふらぬよ も みのきて かさきて おくやまへ ご そごそ

鬼ごっこ―追いかけっこ　4・5歳～　　空間知覚　観察力　瞬発力

鬼（たぬき）を1人決める。鬼以外の人は円を作り、円の内側を向いて立つ。鬼は円の内側に入り、中央でしゃがむ。円の人は手をつないで歌いながら反時計回りで歩き、「ごそごそ」で止まってその場でうたい続ける。
鬼は好きなタイミングで立ち上がる。
鬼が動き始めたら円の人は逃げ、鬼は逃げる円の人を追いかけて1人つかまえる。つかまった人が次の鬼になる。

134　ねこがごふくやに

鬼ごっこ―追いかけっこ・交互唱　4・5歳〜　　空間知覚　瞬発力

鬼（ねこ）を1人決める。鬼以外の人は円を作り、鬼は円の中央で立つ。円の人は円の内側を向いて手をつなぎ、歌いながら反時計回りで歩く。
「何の色」まで歌ったらその場で止まる。「にゃにゃ（七）文半」以降は鬼が1人で歌い、歌い終わったら円の人は逃げ、鬼は円の人を1人つかまえる。つかまった人が次の鬼になる。

　基本は「ねずみ色」だが、バリエーションとして、「ねずみ色」を他の色に変え、その色を身につけている人だけが逃げ、そのうちの1人をつかまえるルールであそぶこともできる。その場合は「ねずみ色」で全員が逃げる。ただし、「ねこ」と「ねずみ」の関係に基づくあそびなので、色にこだわるあそびにはしない。

　足袋の底の長さを測るのに一文銭を並べて数えたところから、足袋は大きさを「文」で表す。1文は約2.4cm。7文半は約18cm。

135　やまのやまの

鬼ごっこ──追いかけっこ・交互唱・しぐさ　　5歳〜　　空間知覚　瞬発力

鬼（おっこんさん＝きつね）を1人決める。鬼以外の人は円を作って内側を向いて立つ。鬼は円の内側に入り、中央で立つ。円の人は歌いながら手をつないで反時計回りで歩く。「まだ（いま）○○」の部分は鬼が1人で歌い、ことばに合ったしぐさをする。

「まだ眠った」…両手のひらを重ねた上に頬を乗せ、眠るしぐさをする。
「今まま食った」…茶碗と箸を持ってご飯を食べるしぐさをする。
「今紅つけた」…唇に口紅を塗るしぐさをする。
「今行くところ」…軽く腕を振るしぐさをする。
うたが終わったら円の人は手を離して逃げ、鬼はそのうちの1人をつかまえる。

136　はやおきゃよっといで

s m r d l, 唱え
愛知

・かわいのぼう…可愛い坊や
・おたのみに…お頼みしますよ

鬼ごっこ──追いかけっこ・交互唱　8歳～　空間知覚　瞬発力

鬼（おっくんさん＝きつね）を1人決める。鬼以外の人は円を作り、鬼は円の中央でしゃがむ。円の人は手をつなぎ、歌いながら反時計回りで歩く。
「今寝とるでの」から「おそいおそい」までは、止まって問答する。円の人は「かわいの坊だで」以降は、鬼が歌う「はいはい」以外は歌いながら歩き、うたが終わったらその場で止まる。鬼は「はいはい」で立つ。
うたが終わったら、鬼はその場で3回まわり、好きなように笑ってから円の人を1人つかまえる。鬼が円の人を追いかけ始めたら円の人は手を離して逃げる。つかまった人が次の鬼になる。

137 ねこねずみ

r d
2分音符
香川

・ける…帰る

鬼ごっこ─追いかけっこ　4・5歳〜　空間知覚　仲間関係

鬼（ねこ）と逃げる人（ねずみ）を決める。鬼以外の人は円を作って手をつなぐ。
ねこかねずみのどちらかが円の内側に入ったら、円の人はうたを歌いはじめ、
ねこはねずみを追いかける。
ねずみがつかまったら、ねことねずみはそれぞれ次の人を指名し、改めてあ
そびをはじめる。
ねこもねずみも円の内側と外側を自由に行き来してよいが、円の人はつない
だ手を上げたり下げたりすることによって、ねことねずみの動きを助けても
妨げてもよい。

138 ねずみねずみようかくり

r d l,
大分

─（鬼）「ニャーン」

①鬼ごっこ─追いかけっこ　4歳〜　空間知覚　平衡感覚

鬼（ねこ）を1人決める。鬼以外の人（ねずみ）は2組に分かれ、横一列に
並んで向かい合う。鬼は2組の間に立つ。うたは鬼以外の人が全員で歌い、
終わったら鬼が「ニャーン」と言う。
鬼の声を合図に、2組は互いに相手の組の場所に移動して陣地交換をする。
ねこは移動中のねずみをつかまえる。つかまった人は陣地から離れる。
何回か陣地交換を繰り返し、最後まで残った人が次の鬼になるか、または、
あらかじめ何回繰り返すかを決めておき、決まった回数が終わった時点で残っ
ている人の中から鬼を決める。

②かくれんぼ　7・8歳〜　空間知覚　平衡感覚　探索力

あらかじめうたを繰り返す回数を決めておき、鬼が目をつぶって決めた回数
分のうたを歌う間に鬼以外の人（ねずみ）が隠れる。鬼は歌い終えたら目を
開け、隠れているねずみを探す。

①は、鬼につかまった
ねずみが待機する場所
を決めておくとよい。

139　あぶくたった

　―（みんな）
　　「戸棚にしまって　鍵をかけて
　　　がちゃがちゃがちゃ
　　　ご飯を食べて　むしゃむしゃむしゃ
　　　お風呂に入って　じゃぶじゃぶじゃぶ
　　　歯みがきをして　しゅっしゅっしゅっ
　　　お布団敷いて　電気を消して
　　　さあ寝ましょ」

　―（鬼）「とんとんとん」
　―（みんな）「何の音？」
　―（鬼）「（風など）の音」
　―（みんな）「ああよかった」
　―（鬼）「トントントン」
　―（みんな）「何の音？」
　―（鬼）「（ぶらんこが揺れるなど）の音」
　―（みんな）「ああよかった」
　―（鬼）「とんとんとん」
　―（みんな）「何の音？」
　―（鬼）「おばけの音」

鬼ごっこ―追いかけっこ・しぐさ　5・6歳〜　　空間知覚　想像　瞬発力

鬼を1人決める。鬼以外の人は円を作って手をつなぎ、鬼は円の中央でしゃがむ。
「あぶくたった」〜「たべてみよう」…円の人は歌いながら反時計回りで歩き、「食べてみよう」で手を離して鬼に近寄る。
「むしゃむしゃむしゃ」〜「もう煮えた」…円の人が鬼をつまんで食べるしぐさをしたあとその場で「まだ煮えない」を歌ってもとの円の形に戻る。もう一度最初から繰り返し、2回目は「もう煮えた」を歌う。
「戸棚にしまって鍵をかけて」は、円の人のうち数人が鬼を少し離れた場所へ連れて行って座らせ、その場で鍵をかけるしぐさをしてから、もとの場所に戻る。ことばは鬼以外全員で言う。
以降は、鬼以外の全員がそれぞれことばに合ったしぐさをして、最後に「さあ寝ましょ」で、しゃがんで両手のひらを重ねた上に頬を乗せて眠るしぐさをする。
鬼は、鬼以外の人が眠ったら立ち上がって「とんとんとん」と言い、問答をする。何の音か訊かれたら鬼は好きなことばを言い、問答を好きな回数繰り返した後、鬼が「おばけの音」と言ったら鬼以外の人は起き上がって逃げる。
鬼は逃げる人を追いかけて1人つかまえ、つかまった人は次の鬼になる。

140　ことしのぼたんは

s m r d l, s,
2分音符、タイ
東京

・心張り棒…引き戸や窓などが外から開けられないように、内側に斜めに立てかける棒。つっかい棒。

問答①
― （鬼）「入れて」
― （みんな）「いや」
― （鬼）「海へ連れて行ってあげるから」
― （みんな）「海坊主が出るから　いや」
― （鬼）「山へ連れて行ってあげるから」
― （みんな）「山坊主が出るから　いや」
― （鬼）「うちの前に行ったら　心張り棒でたたくから」
― （みんな）「大きいの？　小さいの？」
― （鬼）「大きいの」
― （みんな）「じゃあ　入れてあげる」

問答②
― （鬼）「わたし　帰る」
― （みんな）「どうして？」
― （鬼）「お昼だから」
― （みんな）「お昼ご飯なに？」
― （鬼）「蛇と蛙」
― （みんな）「生きてんの？　死んでんの？」
― （鬼）「生きてんの」
― （みんな）「じゃあ　バイバイ」

― （鬼）「わたし？」　― （みんな）「違う」／「そう」

鬼ごっこ―追いかけっこ・しぐさ　5・6歳〜　感情　仲間関係　瞬発力　自己コントロール

鬼を1人決める。鬼以外の人は円を作って立ち、鬼は少し離れた場所に立つ。円の人は全員でうたを歌いながら、「よいぼたん」までは、右手で自分の左手のひらと右隣の人の左手のひらを交互にたたく。
「お耳をからげて」…両手の人さし指を耳の横で輪を描くようにまわす。
「すっぽんぽん」…胸の前で片手を上から下へ、もう片方の手を下から上に交互に動かしながら、片手のひらを反対の手のひらではたくように拍に合わせて3回打ち合わせる。
「もひとつからげて」…「お耳をからげて」と同じ。
2回目の「すっぽんぽん」のあと、鬼が円に近づき、問答①をする。そのあと、鬼が円の中に加わり（好きな位置に入ってよい）、全員一緒に歌いながら2回目の「すっぽんぽん」までの動きを繰り返す。2回目の「すっぽんぽん」が終わったら、問答②をする。そのあと、鬼はその場から少し離れるように歩く。鬼以外の人は離れていく鬼の後ろについて歩きながら鬼に向かって「だれかさんの〜いる」と言ってはやしたてる。鬼は振り返って「わたし？」と訊く。何回か問答したあと、鬼以外の人は「そう！」と答えてから逃げ、鬼はそれを追いかける。鬼につかまった人が次の鬼になる。

141 よくかくれろ

鬼ごっこ—追いかけっこ　8・9歳～　　空間知覚　瞬発力　観察

鬼を2人（ねことねずみ）決める。鬼以外の人は2人組になり、それぞれ縦に並んで全体で2重の円を作る。内側の円の人も外側の円の人も円の内側を向いて立つ。外側（後ろ）の人は内側（前）の人の肩に両手を置く。「ねずみ」は円の内側に入る。前半部分は、「ねこ」は円の外を歩きながら、鬼以外の人はその場で、4小節ずつ交互に唱える。
「よくかくれろ」からは、鬼以外の人が歌う中、ねこはねずみを追いかける。ねずみはどこを通って逃げてもよく、また、内側の円の人の前に入ったときは、その列の外側の円の人とねずみ役を交代できる。ねこがねずみをつかまえたら立場が逆転し、今までねこだった人がねずみになって逃げ、ねずみだった人がねこになって追いかける。

次々に逃げ手が交代していくので隊形がくずれやすく、混乱しやすい。
円が小さくなるとねずみが前に入れないので、円の人は、円の大きさを保つように立つことを意識するとよい。

142　つきかくもか

r d
岐阜

・あんどん：行灯…風よけの紙を貼った枠の中に小さな皿を入れ、そこに油を入れて火をともす道具。

鬼ごっこ―目隠し鬼　8・9歳〜　　平衡感覚　聴覚　空間知覚

鬼を1人決める。鬼以外の人は円を作って立つ。鬼は目隠しをして円の中央に立つ。

円の人は手をつないで反時計回りに歩きながらうたを2回歌い、歌が終わったらその場で止まって手を離す。

円の人が止まったら鬼は「月」または「雲」と言う。円の人は、「月」の場合は走り、「雲」の場合は歩いて鬼から逃げる。

鬼以外の人が逃げる間、鬼は動かない。鬼が自由なタイミングで「行灯」と言ったら、鬼以外の人はその場で止まる。鬼は目隠しをしたまま手探りで誰かをつかまえる。つかまった人が次の鬼になる。

　　鬼以外の人は、鬼がつかまえにきたとき、足の位置を動かさなければ姿勢を変えて鬼を避けてよい。

143　あめかあられか

r d l,
長野

鬼ごっこ―目隠し鬼　8・9歳〜　　平衡感覚　聴覚　空間知覚

鬼を1人決める。鬼以外の人は円を作って立つ。鬼は目隠しをして円の中央に立つ。円の人は手をつないで歌いながら反時計回りで歩く。

うたが終わったら、鬼は「雨」「あられ」「鉄砲」「鶯」「梅」「お地蔵様」のいずれかを指定する。円の人は手を離して、鬼に指定された動作をする。「雨」は「ざあざあざあ」、「あられ」は「さらさらさら」、「鉄砲」は「バンバンバン」、「鶯」は「ホーホケキョ」と言いながら逃げる。「梅」は足音をたてずに歩いて逃げる。「お地蔵様」はその場で止まる。指示は2〜3回変えて出してもよい。

最終的には「お地蔵様」を指定し、鬼は手探りで誰かをつかまえる。つかまった人が次の鬼になる。

　　鬼以外の人は、鬼がつかまえにきたとき、足の位置を動かさなければ姿勢を変えて鬼を避けてよい。

144　ことろことろ

mrdl,
関東

鬼ごっこ―子とろ鬼・交互唱　7・8歳～　平衡感覚　仲間関係　協調性

鬼と「親」を1人ずつ決める。ほかの人は「子」として親の後ろに縦一列に並び、前の人の肩につかまってつながる。鬼と、親と子の列は向かい合い、2小節ずつ交互に歌う。

うたが終わったら、鬼は一番後ろの子をつかまえる。親は両手を広げて鬼から子を守る。

145　いもむしこむし

rd　唱え

・ちょうず：手水…便所
・こも：菰…わらなどで粗く織った敷物

―（鬼）あとのねずみ　ちょっとこい　　―（親）なに用でござる？
―（鬼）わりゃ夕べどこに寝た？　　　　―（親）お姫さんの手水に菰敷いて寝てました
―（鬼）わりゃ汚い　洗って来い　　　　―（親）手ぬぐいがありません
―（鬼）夕べの手ぬぐいどうした？　　　―（親）とびとからすが持って逃げました

鬼ごっこ―子とろ鬼・問答　7・8歳～　平衡感覚　仲間関係　協調性

鬼を1人決める。鬼は鬼以外の人から少し離れた位置に立つ。鬼以外の人は縦一列に並んでしゃがみ、前の人の肩につかまって歌いながら鬼の前まで進んで止まる。

鬼と鬼以外の人の列が向かい合ったら、ことばを言う。列の人は問答が始まったら立ち上がり、「ちょっと来い」で列の一番後ろの人が先頭に移動して「親」に、後ろの人は「子」になる。問答は鬼と親の2人が行う。問答が終わったら、鬼は一番後ろの子をつかまえる。親は両手を広げて鬼から子を守る。鬼が子をつかまえようとする間、親と子は「ことろことろ～」と繰り返し唱える。

146 おととんぼ

鬼ごっこ―影ふみ鬼　6・7歳～　観察　空間知覚

鬼を1人決める。鬼は、最後の「ぼ」で鬼以外の人の影を踏み、影を踏まれた人が次の鬼になる。

体全体を使うあそび

　学童期の子どもに適した、体全体を使って大きく動くあそびです。「かやりあそび」「釜おくり」「人ぬきあそび」「膝すわりあそび」「片足跳び」「人間知恵の輪」など、ほかのあそびと少し違う体験ができます。幼児にできるあそびもあります。

147　なべなべそこぬけ

①かやりあそび　　4歳半〜　　空間知覚　平衡感覚　柔軟性　協調性

２人組で向かい合い両手をつなぐ。うたに合わせてつないだ手を左右に振り、「かえりましょ」で手をつないだまま互いに体を半回転させて背中合わせになる。２回目は背中合わせのまま手を左右に振り、１回目と同様にうたの終わりで手をつないだまま半回転し、元に戻る。

②かやりあそび―円　　4歳半〜　　空間知覚　平衡感覚　柔軟性　協調性

２人組になり、全体で一重の円を作る。１回目は①の１回目と同じ。２回目は背中合わせで手を左右に振ったあと、「かえりましょ」で元に戻らず、手をつないだまま半回転して２人の場所を入れ替え、新しく向かい合った相手とまた初めから同じ動きを繰り返す。この動きを繰り返していくと、最初の相手に戻る。

　このあそびのように、２人が向かい合って手をつないだ状態から、手を離さずに半回転して背中合わせになる動きがあるあそびを、「かやりあそび」という。「かやり／かやる」を「かえり（＝返り）／かえる」の転とする見方もある。

148 どうどうくんど

①**かやりあそび**　4歳半〜　空間知覚　平衡感覚　柔軟性　協調性

2人組で向かい合い両手をつなぐ。うたに合わせてつないだ手を左右に振り、「こうかやす」で手をつないだまま互いに体を半回転させて背中合わせになる。2回目は背中合わせのまま手を左右に振り、1回目と同様にうたの終わりで手をつないだまま半回転し、元に戻る。

②**かやりあそび—円**　4歳半〜　空間知覚　平衡感覚　柔軟性　協調性

2人組になり、全体で一重の円を作る。1回目は①の1回目と同じ。2回目は背中合わせで手を左右に振ったあと、「こうかやす」で元に戻らず、手をつないだまま半回転して2人の場所を入れ替え、新しく向かい合った相手とまた初めから同じ動きを繰り返す。この動きを繰り返していくと、最初の相手に戻る。

149　おらうちのどてかぼちゃ

釜おくり　4・5歳〜　　平衡感覚　協調性

3人組を作る。2人は向かい合って手をつないで「釜」を作り、1人は2人の間に入る。中の人は、円の内側または外側を向く。全体で三重の円を作るようにそれぞれの組が縦に並ぶ。
2人はうたに合わせてつないだ手を左右に振り、中の人も左右に揺れる。「食われない」の「い」で、中の人は外側の円の人から見て右隣の釜へ移る。釜の2人は手をつないだまま腕を上げて中の人を送り出してから、新しい人を中に入れる。
中の人がもとの釜に戻るまで繰り返す。

150　たけのこいっぽん

人ぬきあそび　4歳〜　　平衡感覚　協調性　下肢

鬼を1人決める。鬼以外の人は、柱や木などの近くに縦一列に並んでしゃがみ、先頭の人は柱や木に、ほかの人は前の人の腰につかまってつながる。うたは鬼と鬼以外の人が交互に歌う。
鬼は列の先頭の近くに来てから歌い、芽が出ないうちは少し離れた場所まで走って行ってから出直す。
うたが最後まで終わったら、鬼は列の一番後ろの人の腰を持って引っ張る。尻もちをつく、手を離す、膝をつくなどで列が切れたら、その人が次の鬼になる。

151　いしよりまめより

人間知恵の輪　7・8歳〜　　空間知覚　平衡感覚　協調性

鬼を1人（または2人）決める。鬼以外の人は円を作り、手をつないで「石より〜なれ」を繰り返し歌いながら、つないだ手の下をくぐったり腕をまわしたり体をひねったりして、互いに絡まるように、ひとりひとりの体で「知恵の輪」を作っていく。

全体が絡まったら鬼以外の人は「糸屋の〜解いとくれ」をうたい、手をつないだまま鬼がほどくのを待つ。鬼の指示には適宜従う。

鬼は絡まっていく過程では関わらず、「解いとくれ」を聞いてから少しずつ知恵の輪をほどいてもとの円の形に戻す。

152　おさるのこしかけ

①膝すわりあそび　9・10歳〜　　仲間関係　筋力

1人目は椅子などにしっかりと腰かける。2人目は1人目の膝に座り、3人目は2人目の膝に…と次々に座っていく。

②膝すわりあそび　2歳〜　　仲間関係　平衡感覚

①のあそびを大人と子どもで行う。正座した大人の膝に1人目の子どもが座り、2人目の子どもは1人目の子どもの膝の上に座るというようにすると、子どもは3人くらいまで座ることができ、また、子どもが倒れそうになったときも大人が両手を伸ばせば支えられる。

　①は人数が多いとより楽しめる。
　人数が多くなると1人目の人が心配？　きっと大丈夫！　何人座れるか試してみてください。

153 すけこん

r d l,
宮崎

片足跳び　9・10歳〜　　平衡感覚　仲間関係　脚力

２人で行う。腕を組んで片足で跳びながら、互いのひじをぶつけ合う。倒れたり、両足をついたり、あらかじめ決めておいた土俵の範囲外に出たら負け。

指先あわせ

両手の指先を、自分で合わせたり、他者と合わせたりするあそびです。

154　ふゆべま

t s f m r d t s,
沖縄

- ふゆべま…大きい指さん（親指）
- なかゆべま…中指さん（人さし指）
- たかてぃまれま…高い指さん（中指）
- かんざせま…かんざしを挿す指さん（薬指）
- がさめま…小さなカニさん（小指）
- あんま…お母さん
- かいおりじょろじょろじょろ…井戸におりて洗濯

指先あわせ　8・9歳～　　目と指の協応　手首

親指－人さし指－中指－薬指－小指の順で、拍に合わせて2小節・4回ずつ、両手の指先を合わせる。「かいおり～じょろ」は、両手首の力を抜き胸の前で手を揺らす。

　物をつかむときに、親指・人さし指・中指の3本でしっかりつかむと安定するところから、この3本の指が特に大切な指とされ、古くは「3本の指の真ん中の指」の意味で人さし指を中指と呼んだという。

155　たたみさしばり

r d
付点2分音符、4分の4拍子
新潟

指先あわせ　7・8歳～　　目と指の協応　指の器用さ

親指－人さし指－中指、小指－薬指－中指の順で両手の指先を合わせる。繰り返しながら動きを早くする。

156 いちにさん

①指先あわせ　7・8歳〜　指の器用さ
うたに合わせてそれぞれの本数の指を出す。数が合っていればどのように指の出し方でもよい。

②指先あわせ　7・8歳〜　指の器用さ
親指：1、人さし指：2、中指：3、薬指：4、小指：5として、うたに合わせて両手の指先を合わせる。

③指先あわせ　7・8歳〜　指の器用さ
2人で向かい合って両手を合わせ、②と同じ指を合わせる。

指かくし

1人が指を隠して手を組み、ほかの人がその手を見てどの指が隠されているかをあてるあそびです。

157 どのゆびかくした

m r d l,
新潟

・さしゆび…人さし指
・べにゆび：紅指…薬指。昔、唇に紅を塗るときに使ったことに由来する呼び方。
・ちびゆび…小指

指の名前は「おや・さし・なか・べに・ちび」のいずれかを入れる

①**指かくし**　9歳位～　指の器用さ　観察力

2人以上で行う。1人が指を1本見えないように隠して両手の指を組んでうたの前半を歌う。もう1人（指を隠していない人）は後半を歌って隠されている指の名前を答える。

②**指かくし**　5・6歳～　観察力

①を大人と子どもで行う。大人が指を組み、子どもが隠されている指を答える。

いたちごっこ

何人かで手の甲をつまみながら手を重ねていくあそびです。

158　いたちごっこ

r d l,
東京

いたちごっこ　5・6歳〜　手の器用さ　仲間関係

何人かが1人ずつ自分以外の人の手の甲をつまんでいく。
1人が1人の手の甲をつまむたび、次の人の手の位置が高くなる。届かない高さになったら終わり。

159　ちりんぽりん

唱え
秋田

いたちごっこ　5・6歳〜　手の器用さ　仲間関係

何人かが1人ずつ自分以外の人の手の甲をつまんでいく。
1人が1人の手の甲をつまむたび、次の人の手の位置が高くなる。届かない高さになったら終わり。

160 いちばちとまった

いち ばち とまった
に ばち とまった
さん ばち とまった
し ばち とまった
ご ばち とまった
ろく ばち とまった
しち ばち とまった

—「はちがきて　くまんばちがさして　ブンブンブンブンチクッ」

いたちごっこ　5・6歳～　　手の器用さ　仲間関係

何人かが1人ずつ自分以外の人の手の甲をつまんでいく。
1人が1人の手の甲をつまむたび、次の人の手の位置が高くなる。届かない高さになったら終わり。
うたが終わったら、そのままの体勢で「蜂が～刺して」を言う。「ブンブンブンブン」で手を離してそれぞれが両手を動かして羽ばたくしぐさをする。最後に「チクッ」で誰かを刺すしぐさをする。

手あわせ

　２人が向かい合ってお互いの手を合わせるあそびです。合わせ方はいくつかあるので、出来そうな方法を選んでください。イラストは右利きの人が動かしやすいように示しています。左利きの場合は自然に手を動かすとイラストと左右逆になり、右利きの人と合わなくなるので、右利きの動きを基準にすることを確認して始めるとよいでしょう。

❶（難易度：低／年少）自分の両手を合わせたあと、相手と両手を合わせる。

❷（難易度：中）左手は手のひらを上に向け、動かさない。
　右手は、自分の左手のひらと相手の左手のひらを交互にたたく。

❸（難易度：高／学童以上）自分の両手を合わせたあと、自分の右手と相手の右手を合わせる。
　次に、自分の両手を合わせたあと、自分の左手と相手の左手を合わせる。

161　おてらのおしょうさんが

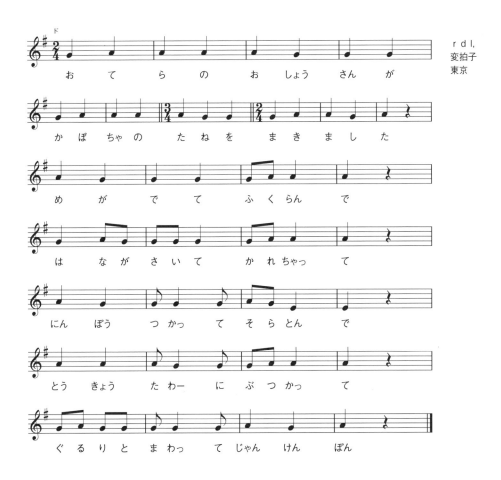

手あわせ―しぐさ・じゃんけん　4・5歳～　　手の器用さ　リズム感　協調性

2人組になって向かい合い、手あわせをしたあと、それぞれが1人でことばに合ったしぐさをして、最後にじゃんけんをする。
「お寺の～撒きました」は手あわせ。
「芽が出て」…胸の前で自分の両手を合わせる。
「ふくらんで」…合わせた両手をふくらませる。
「花が咲いて」…指先の方を広げて「花」を作る。
「枯れちゃって」…指先を下に向けて両手の甲を合わせる。
「忍法使って」…手で「忍術」をイメージするしぐさをする（人さし指だけを伸ばした状態で両手を組むなど）。
「空飛んで」…両手を広げて飛ぶしぐさをする。
「東京タワーに」…両手を合わせて腕を上に伸ばす。
「ぶつかって」…両手を合わせたまま下ろして前に向ける。
「ぐるりとまわって」…両手同時に大きく回す。

162　むかえのおさんどん

m r d l,
宮崎

手あわせ―しぐさ　5・6歳～　手の器用さ　リズム感　協調性

２人組になって向かい合い、相手と手あわせをしながら、
「○○ひきしょ／たたく」の部分は次のしぐさをする。
「鼻ひきしょ」…自分の鼻を引っ張るしぐさを４回する。
「耳ひきしょ」…自分の耳を引っ張るしぐさを４回する。
「肩たたく」…相手の肩を軽く４回たたく。
「尻たたく」…自分のお尻を軽く４回たたく。
「お手たたく」…相手と両手のひらを４回合わせる。

163　やなぎのしたには

r d
栃木

手あわせ―しぐさ・じゃんけん　4・5歳～　手の器用さ　リズム感

２人組になって向かい合い、相手と手あわせをしながら、４・８・12小節目はうたの内容に
合わせた次のしぐさをする。最後にじゃんけんをする。
「うう」…両手を前にたらしておばけのしぐさをする。
「おけおけ」…左手のひらを上に向けて桶の底を作り、右手で桶のふちをまわすしぐさをする。
「えっへんぷ」…少し体を反らせて腕を組む。

164　うちのちょんなべさんは

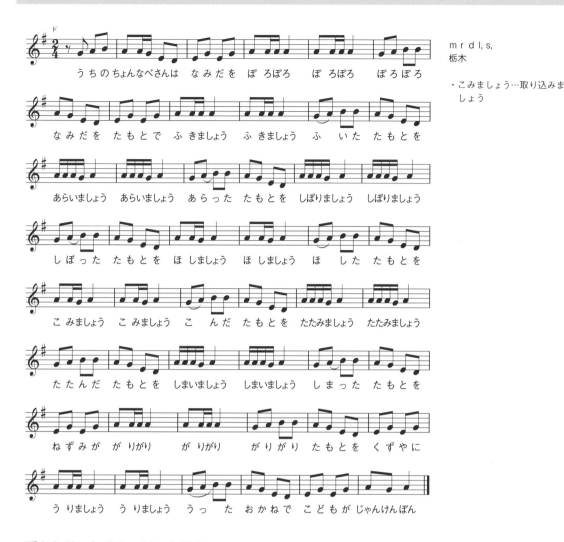

m r d l s,
栃木

・こみましょう…取り込みましょう

手あわせ―しぐさ・じゃんけん　5・6歳～　手の器用さ　リズム感　協調性

2人組で向かい合い、または2人組になり全体で二重の円を作って、手あわせ（基本は❷、p.214）をしながら、うたの内容に合った次のしぐさをして、最後にじゃんけんをする。

「ぽろぽろ」…両手の指先を下に向け、左右の目元で下向きに動かす（2小節分繰り返す）。

「拭きましょう」…たもとで目元を拭くしぐさをする（2小節の間に左右1回ずつ）。

「洗いましょう」…「☐ ｜」のリズムで洗濯物をごしごし洗うしぐさをする（2小節分繰り返す）。

「絞りましょう」…洗濯物を絞るしぐさをする（2小節で2回）。

「干しましょう」…布（大きな布のイメージ）を干すしぐさをする（2小節で2回）。

「込みましょう」…布（大きな布のイメージ）を取り込むしぐさをする（2小節で2回）。

「たたみましょう」…手のひらを重ね、1回ごとに上下を入れ替えながら「┌┐│」のリズムをたたく（2小節の間に6回たたく）。
「しまいましょう」…取り込んだ洗濯物のしわをのばすしぐさ（平泳ぎのような動き）をする（2小節で2回）。
「がりがり」…手を口元で動かしてかじるまねをする（2小節分繰り返す）。
「うりましょう」…両手を下から上に向かって動かし、物を放るしぐさをする（2小節で2回）。
「じゃんけんぽん」…ひじを曲げて両手を胸の前でぐるぐるまわし、最後にじゃんけんをする。
全体で円を作る場合は、外側の円の人がひとつ右にずれて相手を変え、あそびを繰り返す。

165　たんじたんじ

手あわせ―円　5・6歳〜　　手の器用さ　リズム感　空間知覚

2人組になって向かい合い、全体で一重の円を作る。
「たんじ〜七夕」…手あわせする。
「また来年」…右手で握手する。
「ござれ」…握手した手をほんの少し引き合うようにして互いに1歩前に進み、次の相手と向かい合う。

　「ござれ」で手を変えて左手で握手してから相手を変えることもできる。（難易度が上がる）

166 しょうがつみっかの

唱え
東京

$\frac{2}{4}$

しょうがつみっかの　もちつきは　　ぺったんこ　　ぺったんこ　　ぺったんぺったん　ぺったんこ

とっこねて　　とっこねて　　とっこねとっこね　とっこねて　　とっついて　　とっついて

とっついとっつい　とっついて　　とん　とん　　とんとんとん　　とんとんとんとん　とんとんとん

手あわせ　9・10歳〜　手の器用さ　リズム感　協調性

2人組になって向かい合う。1人は、手のひらを上に向けた左手を胸の下くらいの高さに置き、拍に合わせて右手で左手のひらをたたく。最後までこの動き（餅をつくしぐさ）を繰り返す。

もう1人は、うたの内容に合わせて手を次のように動かす。

「正月三日の餅つきは」…相手と同様に、自分の右手で自分の左手のひらを4回たたく。

「ぺったんこ〜ぺったんこ」…左手は同じ位置に置いたまま、右手は「ぺっ」で自分の左手のひら、「たん」で相手の左手のひら、「こ」で再度自分の左手のひらをたたく。以下、「ぺっ」と「こ」は自分の左手のひら、「たん」は相手の左手のひらをたたく。

「とっこねて〜とっこねて」…左手は同じ位置に置いたまま、「とっ」と「て」は右手で自分の左手のひらをたたき、「こね」は相手の左手のひらの上で右手をまわしてこねるしぐさをする。

「とっついて〜とっついて」…左手は同じ位置に置いたまま、「とっ」と「て」は右手で自分の左手のひらをたたき、「つい」は右手の甲で相手の左手のひらをたたく。

「とんとん」…相手の左手の下で自分の両手を2回たたく。

「とんとんとん〜とんとんとん」…相手が手をたたいている間を、「とん」1回ごとに位置を変えながら、1回ずつ両手をたたく。手をたたく位置は、「相手の左手の下→相手の左手と右手の間（相手の右手は左手から離れている状態）→相手の手の上（相手の両手は重なっている状態）→再び上→間→下→間→上→間→下」。

相手の手に触らずにたたけるようになったら、テンポを上げていく。

8　楽譜とあそび方　219

167 さんといちに

m r d l s,
兵庫

①手あわせ　6・7歳〜　リズム感　手の器用さ

2人組になって向かい合い、「と」は自分の手をたたき、数字の部分は相手と手あわせ（基本は❶、p.214）をする。

②図形跳び

床（地面）に下のような枡目を書き、歌いながら該当する場所を踏む。

3	2	1
2	と	2
1	2	3

①は、「♪164　うちのちょんなべさんは」のように、全体で円に作って両隣の人と手を合わせることもできる。

②は、すべての枡目を踏むというルールを加えて難易度を上げることもできる。

じゃんけん

　じゃんけんは基本的には勝ち負けを決めるあそびですが、何かを決める目的で行うこともありますし、じゃんけんそのものがあそびになることもあります。

　子どもの発達過程で考えると、じゃんけんが可能になるのはおおよそ4～5歳（年中児）くらいです。ただし個人差があるので、じゃんけんの入ったあそびは、クラス全体ができるようになってから取り入れるようにしましょう。

168　じゃんけんぽっくりげた

m r d l, s,
東京

じゃんけん　6・7歳～　手の器用さ　リズム感

軽く握った片手を拍に合わせて上下に振り、「ひよりげた」の「た」でじゃんけんをする。

169　かぼちゃがめをだして

m r d l, s,
東京

じゃんけん　6・7歳～　手の器用さ　リズム感

軽く握った片手を拍に合わせて上下に振ったあと、「芽を出して」から、ことばに合わせて指を出して手を開いていき、「ほい」でじゃんけんをする。

| かぼちゃが | 芽を出して | 花が咲いて | 開いて |

170　いもにめがでて

じゃんけん　　4・5歳〜　　手の器用さ　リズム感

「いもに」…片手をグーの形にして、拍に合わせて上下に2回軽く振る。
「芽が出て」…チョキの形で上下に2回振る。
「葉が出て」…パーの形で上下に2回振る。
「ほい」…じゃんけんをする。

171　ちょっとぱらさん

じゃんけん　　5・6歳〜　　手の器用さ　リズム感

ことばに合わせて片手の形を変えながら、拍に合わせて軽く上下に振る。最後の「さん」でじゃんけんをする。
「ちょっと」…チョキの形で拍に合わせて上下に2回振る。
「ぱらさん」…パーの形で上下に2回振る。
「おにぎり」…グーの形で上下に2回振る。
「ちょうだい」…チョキの形で上下に2回振る。
「紙に」…パーの形で上下に2回振る。
「包んで」…グーの形で上下に2回振る。
「ちょうだい」…チョキの形で上下に2回振る。
「ぱら」…パーの形で縦に1回振る。
「さん」…じゃんけんをする。

172　おちゃらか

じゃんけん—手合わせ　　8・9歳～　　手の器用さ　リズム感　観察力

2人組になって向かい合い、手合わせのあとにじゃんけんをする。じゃんけんの部分は繰り返す。

「せっせっせの」…両手をつなぎ、拍に合わせて上下に軽く振る。

「よいよいよい」…手をつないだまま交差させる。

「おちゃらか」…手合わせ（基本は❷、p.214）をする。以降の「おちゃらか」も同じ。

「ほい」…じゃんけんをする。以降の「ほい」も同じ。

じゃんけんのあとの4小節は、「おちゃらか」で手合わせ、「勝ったよ／負けたよ／あいこで」はじゃんけんの結果に合わせて2人同時に歌いながら以下の動作、「ほい」で新たにじゃんけんをする。

「勝ったよ」…腕を上に上げて「ばんざい」の姿勢。

「負けたよ」…頭を下げる。

「あいこで」…腰に手をあてる。

173　じゃんけんぽいぽい

じゃんけん—両手　8・9歳〜　　手の器用さ　リズム感　観察力　判断力

「ぽいぽい」で、拍に合わせて片手ずつ、腕を交差させながら前に出す。手は「グー／チョキ／パー」のいずれかを、左右が違う形になるように出す。そのままの状態で相手の形も見ながら、「こっち出すの」の「の」で片手を残し、もう片方の手は引っ込める。手の形は変えない。
残った手によってじゃんけんの勝ち負けが決まる。

表情あそび

　表情を作るあそびとしては、お互いの顔を見合い、笑った方を負けとする「にらめっこ」、他人の表情や動きを真似る「表情まわし」があります。
　「にらめっこ」は相手を笑わせるあそびで、ルールは、「①相手の目を見る（目をそらさない）②手を使わない　③歯を見せない　④笑い顔以外の表情を作る（にっこりするだけで負け）」です。表情筋をたくさん動かす練習になるでしょう。

174　だるまさん（にらめっこしましょ）

にらめっこ　5・6歳〜　　仲間関係　表情筋

２人組になって向かい合い、お互いの顔を見合いながらうたを歌う。歌がおわったら、互いに表情を作って相手を笑わせる。

175　えびすさんとだいこくさんと

mrdl,
島根

えびすさんと　だいこくさんと　にらめっこ しましょ
わろたら だめよ　うんとこどっこいしょ

にらめっこ

5・6歳〜　仲間関係　表情筋

２人組になって向かい合い、お互いの顔を見合いながらうたを歌う。歌がおわったら、互いに表情を作って相手を笑わせる。

　恵比寿・大黒は、どちらも七福神の一。毘沙門天、弁財天、福禄寿、寿老人、布袋とともに、福をもたらす神として信仰される。
　「恵比寿」は、海の彼方から来た漁業の神とされ、烏帽子をかぶり、釣竿を担ぎ、鯛を抱えた姿に描かれる。
　「大黒」は、頭巾を被り、大きな袋を負い、打ち出の小槌を持つ姿に描かれる。インドの神であるが、「大国主命（おおくにぬしのみこと）」の「大国」と「大黒」が重なり、福の神として信仰されるようになったと言われる。
　恵比寿も大黒も民間信仰に浸透し、田の神や山の神、台所の神としても祀られる。

恵比寿

大黒

176　らかんさん

らかんさんが　そろたら　まわそじゃ　ないか　　よんやさの　よんやさ

①表情まわし　　5・6歳〜　　観察力　記憶力

リーダーを1人決める。全員で円を作って立つ。リーダーは、「羅漢さんが〜ないか」の4小節の間に手や腕を使ってひとつの恰好をする（例：鼻の上にこぶしを重ねる、手で耳を作るなど）。
リーダー以外の人は、リーダーの恰好を覚え、「よんやさの」が始まったらその恰好を真似する。
リーダーは4拍（または2拍）ごとに恰好を変え、リーダー以外の人は、今している恰好を覚えると同時に、体はひとつ前の恰好を真似る。
うたは全員で歌う。

②表情まわし　　8・9歳〜　　観察力　記憶力

全員で円を作り、内側を向いて立つ。
歌い始めると同時に、全員それぞれに好きな表情・しぐさをする。自分の表情・しぐさはそのままに「まわそじゃないか」の2小節の間に、左（または右）隣の人の様子を観察して覚える。
「よんやさのよんやさ」は、「まわそじゃないか」で覚えた（隣の人がひとつ前にしていた）表情・しぐさを真似ながら、隣の人が今している表情・しぐさを覚える。「よんやさのよんやさ」を繰り返し、順調に表情まわしができれば、最初に自分がした表情・しぐさに戻る。
失敗した人が出たら、初めからやり直すか、または人数が多い場合は、失敗した人が円から抜けてもよい。

③足かけあそび　　10・11歳〜　　平衡感覚　協調性

数人で円を作り、左右どちらの足を掛けるか（どちらの足で跳ぶか）を決める。
＜左足をかけて右足で跳ぶ場合(イラストと同じ)＞
体の左側を円の内側に向けて立つ。はじめに1人が自分の左足を左手で支えて持つ。はじめの人の前の人は、はじめの人の左足に自分の左足を掛ける。順に足を掛けていき、最後の人（はじめの人の後ろの人）が足をかけ終わったら、はじめの人は左手をはずして、左足を最後の人の足の上に掛ける。
全員が足を掛け終えたら、うたを歌い始める。「羅漢さん

が〜ないか」は、それぞれがその場で歌い、「よんやさのよんやさ」は全員拍に合わせて手をたたきながら右足で跳び続ける。跳ぶときに足が少し前に出るので、全体の円は自然にまわるように動く。

　②は、上手にできたら、1小節（2拍）ごとに表情・しぐさを変えることもできる。
　③は、右足を掛けて左足で跳ぶ場合は、体の右側を円の内側に向けて立ち、順に右足をかけていく。

　「羅漢」は、「阿羅漢」のことで、仏教の修行の最高段階に達した、尊敬・供養を受けるに値する人の意。中国・日本では五百人の羅漢に対する信仰がある。いろいろな表情をしたたくさんの羅漢像を安置する寺院として埼玉県川越市の喜多院五百羅漢などが有名。
　「羅漢さん」のもとのあそびは五百羅漢から想起される表情あそびで、足かけあそびは、「羅漢さん」と「落下傘」の混同によって生まれたのではないかという説がある。

228

銭まわし

　手の中に入れた硬貨などの小物を、見えないように隣の人に渡していく（または渡したふりをして持ち続ける）あそびです。うたの最後で全員一斉に合わせた手を離して左右の手を握ります。小物を持っていた人は、どちらかの手に小物を隠します。鬼は誰の手の中に小物が入っているかをあてます。

　小物をまわすのは学童の中学年以上でないと難しいでしょう。少人数でもっと単純に、1人が小物を持ち、他の人が左右どちらの手に入っているかをあてるあそび方もできます。あてるだけなら2歳くらいからできます。

177　どんぐりころちゃん

①銭まわし　　6・7歳～　　手の器用さ　観察力

2人以上で行う。1人が合わせた両手の中にどんぐりを入れ、歌いながら拍に合わせて手を振る。
うたの最後の「しょ」で、どんぐりをすばやく左右どちらかの手の中に隠しながら握る。見ていた人はどんぐりが左右どちらの手に入っているかをあてる。

②銭まわし　　2歳～　　観察力　認識

①を大人と子どもで行う。大人がどんぐりを持ち、子どもが答える。

178 おてぶしてぶし

①銭まわし　7・8歳〜　　手の器用さ　観察力　手の振り

鬼を1人決める。鬼以外の人は円を作って立つ。鬼は円の内側に入る。円の人の1人が小物（硬貨など）を持つ。円の人は全員両手を合わせる。

うたのはじまりとともに、小物を持った人は、合わせた手を右隣の人の手の上に重ね、右隣の人の手の中に小物を落とすようにして移す（または実際には渡さずに渡す動作をする）。順に右隣の人へと渡していく（または動作をする）。

うたは全員で歌い、小物がまわってくるのを待つ間は、合わせた両手を拍に合わせて軽く上下に振る。鬼は、円の人の表情や手の形、隣の人に渡す動きなどを観察する。

円の人は、うたの最後の「いや」で合わせた左右の手を離して握る。小物を持っている人は、左右どちらかの手に小物を隠して握る。

全員がにぎりこぶしを前に出し、鬼は小物がどの手に入っているかをあてる。

②銭まわし　6・7歳〜　　手の器用さ　観察力

2人以上で行う。1人が合わせた両手の中に小物を入れ、歌いながら拍に合わせて手を振る。

うたの最後の「いや」で、小物をすばやく左右どちらかの手の中に隠しながら握る。見ていた人は小物が左右どちらの手に入っているかをあてる。

③銭まわし　2歳〜　　観察力　認識

②を大人と子どもで行う。大人が小物を持ち、子どもが答える。

　①は、人数が多い場合は、小物を複数（2〜3個）にして同時にまわすこともできる。小物を複数にする場合は鬼も複数にするとよい。
　小物を右左どちらにまわしてもよいルールにすると、1人の手の中に複数の小物が集まる可能性もあり、小物同士がぶつかる音が鳴らないように気をつけるなど、まわす側の難易度が上がる。

179　おしょうがつどこまできた

m r d l, s,
4分の4拍子、2分音符
宮城

銭まわし　8・9歳〜　　手の器用さ　観察力　仲間関係　手の振り

鬼を1人決める。鬼以外の人は円を作って立つ。鬼は円の内側に入る。円の人の1人が小物（硬貨など）を持つ。円の人は全員両手を合わせる。

うたのはじまりとともに、小物を持った人は、合わせた手を右隣の人の手の上に重ね、右隣の人の手の中に小物を落とすようにして移す（または実際には渡さずに渡す動作をする）。順に右隣の人へと渡していく（または動作をする）。

うたは全員で歌い、小物がまわってくるのを待つ間は、合わせた両手を拍に合わせて軽く上下に振る。

鬼は、円の人の表情や手の形、隣の人に渡す動きなどを観察する。円の人は、うたの最後の「（考え）ろ」で合わせた左右の手を離して握る。小物を持っている人は、左右どちらかの手に小物を隠して握る。全員がにぎりこぶしを前に出し、鬼は小物がどの手に入っているかをあてる。

　　わらべうたには、正月にやってくる年神（その年の福をつかさどる神。歳徳神。祖先の霊とも重ねられる。）を擬人化して「おしょうがつ／しょうがっつぁん」と呼びかけるものが多い。
　　元旦（年・月・日の元めの日の朝の意）には、年神を迎え、旧年の豊作と平穏を感謝し、新しい年もまた同じであるようにと祈る大切な行事があった。

風船つき

紙風船を手のひらで軽く打ち上げながらうたったうたです。

紙風船は明治の中ごろに登場、普及したと言われます。風船を落とさないように気をつけてできるだけ長く打ち続けようとするあそびは、羽子板で羽根をつく「羽根つき」のあそびと通じるところがあるため、うたは「羽根つきうた」から転用されたようです。

180　ほおずきは

m di d t, l, f,
2分音符、タイ
福島

風船つき　10・11歳〜　手の器用さ　目と手の協応

手のひらで紙風船を打ち上げながら歌う。

181　ひとめふため

r d l,
大阪

風船つき　7・8歳〜　手の器用さ　目と手の協応

手のひらで紙風船を打ち上げながら歌う。

お手玉うた

　お手玉をするときに歌ったうたで、まりつきと同様に長いうたが多くあります。お手玉を使うあそびは器用さが必要とされます。複数のお手玉を使う本格的なあそびは学童以上向けですが、年長児でも１～２個のお手玉を使うあそびならできます。

182　にわとりいちわ

お手玉うた　　15・6歳～　　目と手の協応

手のひらにお手玉を１つ乗せる。
「にわとり～もんめ」…手のひらに乗せたお手玉を拍ごとに軽く打ち上げ、「め」のあとにすばやく手を返して手の甲を上に向ける。
「ちょこ」…手の甲でお手玉を受け止めたあと、すばやく手を返して手のひらを上に向ける。
「ほい」…手のひらでお手玉を受け止める。
にわとりの数に合わせて「○もんめ」「ちょこほい」の数も増やしていく。
お手玉を落としたらもとに戻って初めからやり直し。

　　ちょこ　　　　　　ほい

183　こめこめこめやの

mrdl,
変拍子
宮城

お手玉うた　　9・10歳〜　　目と手の協応

お手玉を2〜3つ使い、片手から反対の手へ順に送りながらうたう。
お手玉を2つ使うときは、左右の手に1つずつお手玉を持ち、利き手のお手玉を投げ上げている間に反対の手のお手玉を利き手に移す動作を続ける。
お手玉を3つ使うときも、基本的な動きは2つと同じ。利き手に2つ、反対の手に1つ持ち、利き手で2つ目のお手玉を投げ上げたら反対の手のお手玉を移すか、または、左右の手で交互にお手玉を投げ上げながら、空いている手で落ちてくるお手玉を受け止め、投げ上げて取る動作を続ける。

184 いちもんめのいすけさん

m r d l,
北海道

いちもんめの　いすけさん　いもやの　おばさん　いも　ちょうだい
に　もんめの　に　すけさん　にんじんやの　おばさん　にんじん　ちょうだい
さん　もんめの　さんすけさん　さんしょやの　おばさん　さんしょ　ちょうだい
よん　もんめの　よんすけさん　ようかんやの　おばさん　ようかん　ちょうだい
ご　もんめの　ご　すけさん　ごぼうやの　おばさん　ごぼう　ちょうだい
ろくもんめの　ろくすけさん　ろうそくやの　おばさん　ろうそく　ちょうだい
しちもんめの　しちすけさん　しちりんやの　おばさん　しちりん　ちょうだい
はちもんめの　はちすけさん　はっかやの　おばさん　はっか　ちょうだい
きゅうもんめの　きゅうすけさん　きゅうりやの　おばさん　きゅうり　ちょうだい
じゅうもんめの　じゅうすけさん　じゅうばこやの　おばさん　じゅうばこ　ちょうだい

お手玉うた　7・8歳〜　ことば　目と手の協応

お手玉を2〜3つ使い、片手から反対の手へ順に送りながらうたう。
お手玉を2つ使うときは、左右の手に1つずつお手玉を持ち、利き手のお手玉を投げ上げている間に反対の手のお手玉を利き手に移す動作を続ける。
お手玉を3つ使うときも、基本的な動きは2つと同じ。利き手に2つ、反対の手に1つ持ち、利き手で2つ目のお手玉を投げ上げたら反対の手のお手玉を移すか、または、左右の手で交互にお手玉を投げ上げながら、空いている手で落ちてくるお手玉を受け止め、投げ上げて取る動作を続ける。

　　うただけを歌って聞かせたり、うたの内容に合ったイラストのカードを用意して歌いながら見せることもできる。

185　おさらい

お手玉うた　　10・11歳〜　　目と手の協応

お手玉を5つ使い、歌いながらあそぶ。
5つのうち1つを「親玉」に決め、投げ上げるときはいつも「親玉」を使う。
お手玉はすべて床（または机などの台）の上に置いた状態で始める。
「おさらい」…親玉を右手（利き手）で投げ上げたあと、落ちてくるまでの間に他の4つを両手ですくい上げ、その上に親玉を受け止めてから、親玉を手の中に残して親玉以外の4つを下に落とす。「おさらい」はいつも同じ動作をする。
「おひとつ」…手の中に残っている親玉を投げ上げたあと、親玉以外の4つのうちの1つを右手で拾い上げ、同じ手で親玉を受け止めてから、親玉を手の中に残して先に拾い上げたお手玉だけを下に落とす。（4回繰り返す）

「おふたつ」…「おひとつ」と同じように、親玉を投げ上げたあと、親玉以外の2つを右手で拾い上げ、親玉を受け止めてから、親玉を残して2つを下に落とす。（2回繰り返す）

「おみっつ」…親玉を投げ上げたあと、3つを右手で拾い上げ、親玉を受け止めてから、親玉を残して3つを下に落とす。

「おひとつおのこり」…親玉を投げ上げたあと、「おみっつ」で拾わなかった1つを拾い上げ、親玉を受け止めてから親玉を残して1つを下に落とす。

「およっつ」…親玉を投げ上げたあと、4つを右手で拾い上げ、親玉を受け止めてから、親玉を残して4つを下に落とす。

「おてのせ」…親玉を右手で投げ上げたあと、左手（利き手と反対の手）の甲に、右手でお手玉を1つずつ乗せてから、落ちてきた親玉を右手で受け止める（4回繰り返してすべて甲に乗せる）。

「おろして」…手の甲に乗せたお手玉をすべて下に落とす。「おろして」は3回とも左手のお手玉をすべて下に落とす。

「おつかみ」…親玉を右手で投げ上げたあと、下に向けた左手のひらの中に、右手でお手玉を1つずつ握らせてから、落ちてきた親玉を右手で受け止める（4回繰り返してすべて握らせる）。

「おはさみ」…親玉を右手で投げ上げたあと、手のひらを下に向けた左手の指の間に、右手でお手玉を1つずつ挟んでから、落ちてきた親玉を右手で受け止める（4回繰り返してすべて挟む）。

「おてっぷし」…親玉を右手で投げ上げたあと、右手で親玉以外のお手玉を1回たたき、同じ手の甲で落ちてきた親玉を打ち上げ、再び落ちてきた親玉を右手で上からつかむ。

「おててっぷし」…「てて」でお手玉を2回たたく。「てて」以外は「おてっぷし」と同じ。

　　親玉とそれ以外のお手玉の区別がつくように、
　　親玉には色柄の違うものを使うとよい。

ハンカチ落とし

鬼にハンカチを落とされた人が鬼を追いかけるあそびです。

186　いのこのぼたもち

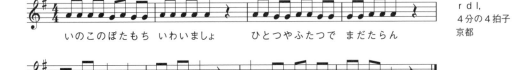

r d l,
4分の4拍子
京都

ハンカチ落とし　5・6歳〜　　触覚　空間感覚

鬼を1人決める。鬼以外の人は円を作り、内側を向いて座る。うたは円の人が全員で歌う。鬼はハンカチを持って円の外側を歩きながら、気付かれないように誰かの後ろにハンカチを落として、また歩き続ける。円の人は、鬼が歩く様子を観察しながら、後ろを見ずに手探りでハンカチがあるか確認する。ハンカチを落とされた人は、ハンカチに気付いたら、ハンカチを持って立ち上がり、鬼を追いかける。鬼は逃げて、その人が座っていた場所に座る。座る前につかまったら、円の中央で座る。どちらの場合も、ハンカチを持っている人が次の鬼になる。

ハンカチを落とされた人が、鬼が1周して戻るまでの間にハンカチに気付かなかったら、鬼はその人の背中を「ドン！」と言って軽くたたき、たたかれた人は円から抜けて円の中央で座る。

円の中央に座ると、そのあとのあそびには参加できないが、新たに円の中央に座る人が出たら、円の一員に戻ることができる。

「亥の子」は、稲の刈り上げを祝い、田の神に感謝する収穫祭の一種で、旧暦の十月（亥の月）の亥の日亥の刻に行われる行事。餅を搗いて食べたり、子どもが丸い石に縄をつけて地面をたたいたりした。無病息災を願って餅を食べる中国の風習に由来すると言われ、多産であるイノシシにあやかる意味もあった。

旧暦の十月十日の夜に行われる「十日夜（とおかんや）」も亥の子と同じ趣旨の行事。「十日夜」では、この日は田の神が山へ帰る日とされ、田から案山子を引き上げたり、もぐら除けに子どもが藁鉄砲（わらでっぽう）（藁を棒状に巻き固めたもの）で地面をたたいたりした。

亥の子は西日本、十日夜は東日本で行われる。

187　たなばたたなばたさん

s f m r d l, s,
栃木

ハンカチ落とし　6・7歳〜　触覚　空間感覚

鬼を1人決める。鬼以外の人は円を作り、内側を向いて座る。うたは円の人が全員で歌う。鬼はハンカチを持って円の外側を歩きながら、気付かれないように誰かの後ろにハンカチを落として、また歩き続ける。円の人は、鬼が歩く様子を観察しながら、後ろを見ずに手探りでハンカチがあるか確認する。ハンカチを落とされた人は、ハンカチに気付いたら、ハンカチを持って立ち上がり、鬼を追いかける。鬼は逃げて、その人が座っていた場所に座る。座る前につかまったら、円の中央で座る。どちらの場合も、ハンカチを持っている人が次の鬼になる。

ハンカチを落とされた人が、鬼が1周して戻るまでの間にハンカチに気付かなかったら、鬼はその人の背中を「ドン！」と言って軽くたたき、たたかれた人は円から抜けて円の中央で座る。

円の中央に座ると、そのあとのあそびには参加できないが、新たに円の中央に座る人が出たら、円の一員に戻ることができる。

靴かくし

鬼に見えないように靴を隠し、鬼が隠されている靴をあてる（見つける）あそびです。

188　ひがついた

靴かくし　6・7歳〜　　聴覚　空間知覚　声のコントロール

鬼を1人決める。鬼は目をつぶるか、室内で行う場合は部屋の外に出る。その間に、鬼以外の人のうちの1人が片方の靴を脱いで隠す。

隠し終わったら「火がつかない」と歌い、鬼はうたを合図に目を開けて（または室内に戻って）隠されている靴を探す。

鬼以外の人は、鬼が靴の場所に近づいたら少しずつ声を大きくしながら「火がついた」と歌う。靴の場所から離れたら少しずつ声を小さくしながら「火がつかない」と歌う。

「ついた／つかない」と声の大きさがヒントになる。

189 くつかくしちゅうれんぼ

靴かくし　7・8歳〜　空間知覚　観察力　予測

全員が片方の靴（履き物）を脱いで前に出し、靴で鬼きめをする。全員でうたを歌い、うたに合わせて鬼を決める人が靴を1つずつ指していく。最後の「ちゅ」にあたった靴の持ち主が鬼になる。

鬼は脱いだ靴を履いてから、目をつぶるか部屋の外に出る。その間に、鬼以外の人は鬼きめに使った自分の靴を隠す。

全員が隠し終わったら鬼に合図し、鬼は目を開けて（または室内に戻って）全員の靴を探し出す。

　　　鬼が靴を探すときに「♪188　ひがついた」を歌ってヒントにすることもできる。

まりつきうた

　まり（ボール）を長くつくために歌ったもので、内容はさまざまですが、かぞえうたや物語のように長いうた、何番も続くうたが多くあります。幼児期は、うたに合わせてボールをつくだけでよいでしょう。学童の中学年以上になると、ボールをつきながら足を動かしたり、ボールを足の下を通して背中側で取るなどの技を競います。
　ボールは蹴るだけでなく、手と物との協応運動としても取り入れたいですね。

190　いもにんじん

m r d l,
変拍子
栃木

・とうなす：唐茄子…かぼちゃ

①**まりつき**　5・6歳〜　　目と手の協応　リズム感

歌いながら、拍に合わせてボール（まり）をついてあそぶ。

②**まりつき**　10・11歳〜　　目と手の協応　平衡感覚　体の器用さ　リズム感

①に技を加える。毎回新たに加える野菜の名前をうたうときに最後の拍のところでボールにぶつからないように片足を回すなどの動きを加え、「ほい」でボールを股の下をくぐらせて後ろで押さえる。

まりつきには、数と語呂を合わせたことばで数を数えながらうたう「かぞえうた」が多くある。

191　あのねおしょうさんがね

m r d l,
変拍子
山形

まりつき　10・11歳〜　　目と手の協応　平衡感覚　身体の器用さ　リズム感

歌いながら、拍に合わせてボール（まり）をついてあそぶ。
最後の「ほい」で、ボールを股の下をくぐらせて後ろで押さえる。

192　わたしょわたしょ

m r d l,
2分音符、タイ
千葉

まりつき　　7・8歳〜　　目と手の協応　空間知覚　リズム感

全員で円を作る、または列に並ぶ、または分散して立つ（隊形は自由）。1人が歌いながら拍に合わせてボールをつき、最後の「な」で少し強くついて次の人にボールを渡す。

「〇〇ちゃん」は、ボールを渡す相手の名前を入れる。名前を呼ばれた人は、ボールを受け取れる位置に移動し、ボールを受け取ったあと、前の人と同様に次の人に渡す。

縄跳びうた

　主に大縄を跳ぶときのうたです。大縄跳びでは、縄は２拍の間に１回まわします。跳ぶ人は、縄が１回まわる間に、縄がない状態で１回、縄が床（地面）についたときに１回の計２回をその場で跳ぶことになります。学童になると、両足で跳ぶだけでなく、しゃがんだり、片足跳びをしたり、じゃんけんをして負けたら抜けるなどの課題を加えることができます。
　縄跳びをする場合は、場所選びも重要です。跳躍は足首に負担がかかる動きなので、足の骨が未発達である子どもには、地面が固い場所で跳躍運動をさせないように気をつけましょう。

193　おおなみこなみで

大縄跳び　５歳〜　　目と体の協応　平衡感覚

跳び手が縄に入ってから歌い始める。
２人が大縄（長い縄）を持ち、うたのことばに合わせて縄を動かす。
「大波」…縄を左右に大きく揺らす。
「小波で」…縄を左右に小さく揺らす。
「ぐるりと〜ねこの」…縄を大きく３回（２拍で１回）まわす。
「め」…縄を止める。
跳び手は、動く縄の上を跳び、最後の「め」で縄をまたぐ。

194　ゆうびんやさん

大縄跳び　７・８歳〜　　目と体の協応　平衡感覚　脚力

２人が大縄（長い縄）を持ち、２拍で１回まわし続ける。
跳び手が縄に入ってから歌い始める。「郵便やさん〜あげましょ」は縄が床（地面）につくときに上を跳び、「一枚」からは、しゃがんで拾うしぐさをしながら跳ぶ。
跳ぶだけなら５・６歳からできる。

羽根つきうた

羽子板で羽根をついてあそぶときのうたです。
　羽根つきは主に正月にあそんだあそびなので、うたには正月にちなんだことばが多く入っています。

195　しょうがつさまがござった

s m r d l,
福岡

羽根つき　8・9歳〜　　目と手の協応　空間知覚

羽子板で羽根をつきながら歌う。

自然・生きもののうた

子どもたちが自然や生きものに向けて歌いかけたうたです。

もとは自然・生きものへの呼びかけだったうたに、あそびが加わり、定着したという例はたくさんあります。あそび方の内容別に紹介した「♪68 たんぽぽたんぽぽ」「♪78 ちょうちょかんこ」「♪126 にじのはし」などはそのひとつです。

季節感を感じられるうたが多くあるので、季節も意識してうたを選びたいですね。

196　てるてるぼうず

晴れを願って歌う。

197　ゆうやけこやけ

①**自然─天気**

晴れを願って歌う。

②**履き物占い**

うたの最後に片方の靴（履き物）を放り上げ、落ちたときの靴の向きで天気を占う。上向きは「晴れ」、裏返しは「雨」、横向きは「くもり」または「雪」。

198 あみまよ

l s m r d
2分音符
沖縄

- あみまよふいたぽんな：雨まよ降い給んな…雨さんよ降ってくれるな
- てぃだまよあがりたぽり：太陽まよ上がり給り…太陽さんよ上がっておくれ
- ふいたぽり：降い給り…降っておくれ
- あがりたぽんな：上がり給んな…上がってくれるな

天気願いのうた。晴れてほしいとき（①）、雨が降ってほしいとき（②）に歌う。

199 まぎあみやてぃん

s f m d
沖縄

- まぎあみやてぃん：大雨やてぃん…大雨であっても
- ぐまあみやてぃん：小雨やてぃん…小雨であっても
- きらまぬくしんじ：慶良間ぬ後んじ…慶良間（沖縄県の慶良間諸島）の後ろへ行ってしまって
- はりてぃくんそり：晴りてぃ呉ん候り…晴れてください

晴れを願って歌う。

248

200　ののさんいくつ

m r d l,
静岡

・のの…神仏や月など、尊い存在を意味する幼児語。

月に向けて歌ったうた。

201　うえみれば

m r d l,
岩手

・うえみればむしこ：上見れば虫こ…高く舞う雪は虫のよう
・なかみればわたこ：中見れば綿こ…真ん中の雪は綿のよう
・したみればゆきこ：下見れば雪こ…下に落ちた雪はたしかに雪

降る雪を見て歌ったうた。

202　じいじいの

r d l,
石川

・わたぶしゆき…綿帽子（のような）雪、ぼた雪。
・おおと…表玄関。
・しとみ：蔀…格子の裏に板を張った横戸。

雪を見て歌ったうた。

203　ゆきやこんこ

l f m r
2分音符
京都

雪を見て歌ったうた。

204　かだゆぎかんこ

s m r d l,
青森

・かだゆぎ：堅雪…春が近づき
　少し溶けた雪が冷えて凍り、
　堅くなったもの。
・しらゆぎ：白雪…まだ踏み固
　められていない白く新しい
　雪。

雪を見て歌ったうた。

205　なみなみわんわちゃくり

m r d l,
沖縄

- わん…私
- わちゃく…からかう、くすぐるなど
- ゆーちぬさち…「ユーチの崎（那覇市の北西部にあった岬）」か。詳細は不明。

浜辺で打ち寄せる波と戯れながら歌ったうた。
「はなもーもー」は、岬の岩鼻が波で削られた様子を歌っていると考えられる。

206　うちのせんだんのき

m r d l, s,
佐賀

- せんだん：栴檀…5月頃に淡紫色の花を咲かせるセンダン科の樹木。
- せびがちて…蝉がとまって
- びっき…かえる

門くぐりのあそびで歌われたうた。

207　はるくれば

l s m r d l, s, m,
2分音符
東北

- こ（「どじょこ」・「かずかこ」などの「こ」）…特に意味を持たず種々の語に付く接尾語。東北地方の方言などに多い。
- どじょこ：泥鰌こ…ドジョウ科の硬骨魚の総称。淡水の泥の中にすみ、夜出て餌を探す。
- かずかこ：鰍こ…カジカ科の淡水産の硬骨魚。
- すがこ…（東北地方で）氷、またはつらら。

東北地方の田植えうた。

208 すんかいの

すんかいの　はすんかいの　は きなく す　はらるそ　そく　そく

smr　唱え
北海道

・すんかいの〜…歌詞はアイヌ語で意味は不明。

菓子取りあそび　8・9歳〜　　敏捷性　観察力　仲間関係

「人間」役を2人、「親ねずみ」役を1人決める。それ以外の人は「子ねずみ」の役。「ねずみ取りのえさ」となるもの（菓子や小物）を用意する（「えさ」は台の上に乗せて置く）。人間役の2人は、ひもで輪（「わな」になる）を作って両端を持って、えさの前に立つ。

親ねずみは、後ろに子ねずみを従え、手をすり合わせながら中腰でえさに近づく。人間の隙を狙ってわなに手を入れてえさを取り、取れたえさは子ねずみに渡していく。

人間はえさを取られないように、親ねずみの手がひもの中に入ったらひもを引いてわなを閉じる。

うたは親ねずみと子ねずみが歌い、「ソクソク」は子ねずみだけで言う。

えさがすべて取れたらねずみの勝ち。手や頭がわなにかかったらねずみの負け。

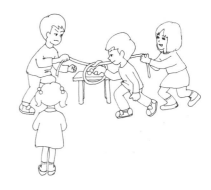

学童以上で行うあそび。学童だけで行う場合は、親を決めずにねずみが順番に「えさ取り」に挑戦するとよい。ただし、「ソクソク」まではえさを取らないというルールは守る。ひもを持つ役の人も「えさ取り」ができるように、「人間」役は途中で交代するとよい。

もとはアイヌ民族の伝統的な音楽で、子どもたちが行ったねずみ踊りのうた。
ねずみ踊りは、特別な存在である熊を殺した後、その霊を神に送り返す「熊送り」の行事の翌日などに行ったといわれる。

209　ひとつひよどり

s m r d l,
福岡

・ふくろ…ふくろう
・みそっちょ…みそさざい
・よがらす…ごいさぎ
・いしたたき…せきれい
・こうせみ…かわせみ

鳥の名前のかぞえうた。
それぞれの鳥のイラストや写真を使ってカードを作り、見せながら歌うこともできる。

イラスト　木村はるみ

ことばを楽しむうた

　語呂合わせを楽しむ「ことばあそびうた」、ことばを本来の意味と逆の意味で使う「ふざけうた」、少し嫌な思いをしたあとに自分の気持ちを解消するために歌う「悪口うた」や「からかいうた」、ひとつのおはなしにように物語性のあるうたなどを、「ことばを楽しむあそび」としてまとめました。

　また、うたそのものの音楽的な難易度が高く、実際には歌いながらあそぶことが難しいと思われるまりつきのうたや、行事のときに歌ったうたからも、うたの内容を楽しめるものとしてここに加えました。

　聞いて楽しむことは乳児・幼児でもできますが、うたの内容の面白さを理解したり、正確にはっきりと歌えるようになるのは学童期以降でしょう。

210　かんだかじちょうの

r d l,
東京

「か」の発音を意識することばあそびのうた。

211　わっしのうちの

r d l,
鹿児島

・たんがった…たまげた、驚いた

「わし（＝私）」と「鷲」の同音異義語を楽しむうた。

212 うのじうっさいこく

幼児向けて大人が歌ううたとして、「う→え→お」と音を入れ替えて歌った後に、子どもの名前の頭文字を入れて歌い続けることもできる。
うたの意味は明らかでないが、仏教用語のようなことばが入っているところから「京阪地方の寺院を中心に教化の方便として発達した」とする説がある。

213 でんでらるりゃ

早口言葉のように、ことばを楽しむうた。
体を出したり隠したりできるような人形を使って、出ようとして出られない様子を見せながら歌うこともできる。

イラスト 木村はるみ

214　ひとのかげに

ｒｄｌ,
群馬

冬に日向に座ってあたたまっているとき、誰かが前に立って影を作ると、その人に向かって、「影を作るような人は、正月早々病み出して、盆にぽっくり死ぬ」と歌ってからかった。

215　いにしえむかしの

ｍｒｄｌ,
４分の４拍子
和歌山

同じ意味のことばを重ね、ことばあそびを楽しむうた。

古昔の　武士侍が　山の中の山中で　馬から落ちて落馬して
女の婦人に　笑われて　真っ赤になって赤面し　無念残念
腹切って切腹　死んだ拍子に息切れた　今日は七日で一週間

216 ひとつふたつのばあさんが

mrdl,
和歌山

意味が反する内容（実際にはあり得ない状況）を楽しむことばあそびのうた。

一つ二つの婆さんが　八十五、六の孫連れて　水無し川を渡るとき
みみずの骨で足突いて　豆腐の角で手切った

217 ばかかばまぬけ

rdl,
山梨

嫌な思いをしたときに、相手（仲間）に向かって歌い、自分の気持ちを表したうた。

218 ひふみよ（あすはぎおんの）

l f m r t, l,
タイ
京都

まりつきのときに歌ったうた。

219 ねこのよめいり

l f m r t,
（転調後）m r d l,
徳島

・こうや：紺屋…染物屋。もとは布を紺色に染める藍染の職人を指していたが、のちに染物屋全般をいうようになった。

まりつきのときに歌ったうた。

220　ひとやまこえて

m r d l,
徳島

・こうこ…漬け物

「ひとやま越えて、ふた山越えて…」と歌い始めるうたは多くある。ほとんどがまりつきや羽根つきのあそびと共に伝承されているが、もとのあそびは鬼ごっこ（役交代あそび）であったとみられる。

221 わらちこどんども

m r d l,
富山

・もちかち…餅搗き
・はしこて…むずがゆくて
・あしだ：足駄…雨の日に履く高下駄

このうたのように「花折り」のことばが入っているうたは全国に分布している。こもりうた（守子うた）や、まりつきとして歌われたと見られるが、民俗学者の柳田國男は、「以前は、右や左へゾロゾロ動いて遊んだ遊び歌」と推理しているという。

222 ろくじぞう

r d l,
2分音符、2分の2拍子
大阪

・ろくじぞう：六地蔵

ひとつのおはなしのような内容（「しりとりうた」とも言う）なので、地蔵、ねこなどのイラストを描いたカードを作り、見せながらうたうこともできる。

223　いちにたわらふんまえて

l f m d t,
2分音符

「大黒舞」（室町時代から江戸時代にかけて行われた芸の一種。正月に大黒天の姿をして家の前に立ち、歌い踊った。）から転用されて広がり、まりつきやお手玉あそびなどで歌われたうた。

224　とっくいぐゎよ

s f m r d t, s,
2分音符
沖縄

お祝いの行事の余興などで歌われたうた。
同時に「普通の早さ」と「2倍の早さ（2回繰り返す）」で歌うこともできる。

- とっくいぐゎよ：徳利小よ…徳利（主に酒を入れて杯に注ぐための容器）さんよ
- まーからんじたる：何処から出たる…どこから出てきた
- ちぶやぬかまからんじたる：壺屋ぬ窯から出たる…壺屋（那覇市にある地名「壺屋（つぼや）」の方言名。昔から窯業で栄えた町。）の窯から出てきた
- かりゆし…めでたい、縁起が良い
- あーじんぐゎよ…棒杵（手で中央の細い部分を持って上下に搗く杵。国頭地方の特産品。）さんよ
- やんばるやま：山原山…沖縄本島北部地域の山。山が多い国頭地方を一般に「やんばる」と呼ぶ。

こもりうた

日本のこもりうたには、「眠らせうた」と「守子うた」があります。

眠らせうたは、子どもが落ちついて眠れるようにと身近な大人（主に家族）が歌ったうたです。生まれたばかりの子どもから大きな子どもまで、どんな年齢の子どもにも歌えます。好きなうたを選んで、子どもが落ちつくような声の大きさ、テンポでゆったりと歌いましょう。子どもとのコミュニケーションの入口となり、子どもとの関係を作ることで大人自身に安定をもたらすでしょう。

守子うたは、「守子」（奉公先の子どもの守りをする少女）が、子守りをしながら自分の境遇を嘆いて歌ったうたです。ことばは悲しくてもメロディの美しいうたが多いので、学童（中学年以上）が歌えるものを１曲選びました。

225　ころころころころ

r l,
2分の2拍子
北海道

226　ねんねんねこのけつ

l f m d t, l,
群馬

227 ねんねねむのき

m d t, l, m,
2分音符
和歌山

・ななつさがれば：七つ下がれば…七つ時（現在の午後4時頃）を過ぎたら
・さんせよ…しなさい

228 ねんねんねやまの

m r d l, s,
長野

229 ねんねしなされ

d' t l f m d
4分の3拍子、4分の4拍子、変拍子
京都

・べべ…着物
・じょじょ…草履
・のの…神仏や月など尊い存在を意味する幼児語

「にじゅうごにち」とは 25 日。「天神さん」として信仰される菅原道真は、誕生日が 6 月 25 日、命日が 2 月 25 日であることから、菅原道真を祀る各地の神社の多くが毎月 25 日を縁日としている。

230　ねんねんころりよ

l f m d t, l,
東京

231　ぼうやはよいこだ

t l f m d t, l,
4 分の 4 拍子
静岡

8　楽譜とあそび方　267

232　ねんねころいち

l f m d t, l,
2分音符
大阪

・てんまのいち：天満の市…大阪の天満の市場。
・だいこ：大根
・きづやなんば：木津や難波…どちらも大阪の地名。

同じ地名が入った似たうたが各地にある。

233　ねんねこねんねこや

r' d' l s m
2分音符
秋田

・めんちょこどさ…可愛い子を
・かまた…いじめたのか
・たけまつかまたでろ…竹松がいじめたのだ
・なばかせる：南蛮食せる…唐辛子を食べさせる
・さどかせる：砂糖食せる…砂糖を食べさせる

234　こたにのこもりうた

ｆｍｄｔ,ｌ,
２分音符、付点２分音符
愛知

守りさ　子守りさ　紺屋の守りさ
染めて着せえず　紺絣　ねんねんよ　おころりよ
守りと呼ばるな　守りさと呼ばれ
守りは若い衆の　花嫁御　ねんねんよ　おころりよ
背中で泣くなよ　守りさもつらい
山でいつがら　鳴きやんだ　ねんねんよ　おころりよ
雨が降り出す　たきものぬれる
家で子が泣く　日は暮れる　ねんねんよ　おころりよ
西の町から　東の町まで
歌ではやすは　守り子ども　ねんねんよ　おころりよ
盆よ　早よ来い　つばくら帰る
稲に穂が出りゃ　わしも出る　ねんねんよ　おころりよ

　　このうたのように、「守子」（奉公先の子どもの守りをする少女）が子守りをしなが
　　ら歌ったうたは、身近な大人が歌った「眠らせうた」と区別して「守子うた」と言う。
　　守子うたをこもりうたと区別する場合もある。

種類別　わらべうた一覧

● 顔あそび

はなちゃんりんごを（1）...................... 104
ここはとうちゃんにんどころ（2）........ 104
おとげしゃくしゃく（3）...................... 105
おおやぶこえて（4）............................ 105
○○ちゃんというひとが（5）.............. 106

● 頭あそび

ぼうずぼうず（6）............................... 107
おつむてんてん（7）........................... 107

● 手あそび

だんごだんご（8）............................... 108
にんぎにんぎ（9）............................... 108
どどっこやがいん（10）...................... 109
かれっこやいて（11）......................... 109
ここはてっくび（12）......................... 110
にほんばしこちょこちょ（13）.............. 110

● 指あそび

ちっちここへ（14）............................ 111
こどものけんかに（15）...................... 111
こぞうねろ（16）............................... 112
おやゆびねむれ（17）......................... 113
ふくすけさん（18）............................ 113

● 腕あそび

ちょちちょちあわわ（19）................... 114
こっちのたんぽ（20）......................... 114
ねずみねずみ（21）............................ 114
てってのねずみ（22）......................... 115
にゅうめんそうめん（23）................... 115

● 舟こぎ

きっこーまいこー（24）...................... 116
おふねがぎっちらこ（25）................... 117

● ゆらしあそび

えっちゃらこ（26）............................ 118
ひにふにだ（27）............................... 119

● 膝のせあそび

うまはとしとし（28）......................... 120
じょうりげんじょ（29）...................... 121
どんぶかっか（30）............................ 121
○○ちゃんと○○ちゃんと（31）.......... 122

● 歩行を促すあそび

あんよはじょうず（32）...................... 123
じっぽはっぽ（33）............................ 123

● おんぶ

ごいごいごいよ（34）......................... 124
ゆすってゆすって（35）...................... 125
しおやかぎや（36）............................ 125

● 手車

じごくごくらく（37）......................... 126

● 人持ちあそび

ぎっこんばっこんもものき（38）.......... 127
いっしょうまにしょうま（39）.............. 127
こりゃどこのじぞうさん（40）.............. 128
かごかごじゅうろくもん（41）.............. 128

● 足のせあそび

あしあしあひる（42）......................... 129
かってこかってこ（43）...................... 130

● 回りあそび

どうどうめぐり（44）......................... 131
でんでんまわり（45）......................... 131

● くすぐりあそび

いちりにり（46）.................................. 132

● 尻たたき

いちめどにめど（47）.......................... 133

● あやしあそび

だるまさん（ころころ）（48）............... 134
しゃんしゃんしゃん（49）.................... 134
すってんてれつく（50）...................... 135

● おまじない

いたいのいたいの（51）...................... 136
あいにさらさら（52）.......................... 136

● 道具を使うあそび

かなへびこ（53）................................ 137
へびいたがさがさ（54）...................... 137
つぶやつぶや（55）............................ 138
えんどうまめ（56）............................ 138
いっちくたっちくたいものこ（57）...... 139
おさらにたまごに（58）...................... 139
にぎりぱっちり（59）.......................... 140
かぜふくな（60）................................ 140
うえからしたから（61）...................... 141
くものおばさん（62）.......................... 141
あずきちょまめちょ（63）.................... 141
おせんべ（64）.................................... 142
しおせんべ（65）................................ 142
どっちんかっちん（66）...................... 143
いしのなかのかじやさん（67）............ 143
たんぽぽたんぽぽ（68）...................... 144

● 両足跳び

すずめちゅうちく（69）...................... 145
きりすちょん（70）............................ 145

● 連なり歩き

どんどんばし（きつねが）（71）.......... 146
しみたかほい（72）............................ 146

● 役あそび

もぐらどんの（73）............................ 147

● しぐさあそび

めんめんたまぐら（74）...................... 148
たこたこあがれ（75）.......................... 148
こめこめこっちへこう（76）................ 148
けむりけむり（77）............................ 149
ちょうちょかんこ（78）...................... 149
きゃあろのめだまに（79）.................... 150
くまさんくまさん（80）...................... 150

● 鬼きめ

どのこがよいこ（81）.......................... 151
いものにたの（82）............................ 152
いちごにんじん（83）.......................... 152
ちんぷんかんぷん（84）...................... 153
てざらこざら（85）............................ 153
ろんろばっちゃろ（86）...................... 154
じょうりきじょうりき（87）................ 154
おちょぼちょぼちょぼ（88）................ 155
てれれっぽ（89）................................ 156
かげんぼうし（90）............................ 156
ずいずいずっころばし（91）................ 157

● 役交代あそび

ずくぼんじょ（92）............................ 158
ぜんまいわらび（93）.......................... 159
おじいさんおばあさん（94）................ 159
ほたるこい（95）................................ 160
おちゃをのみに（96）.......................... 160
おつきさんこんばんは（97）................ 161
ひふみよ（いっかんおわった）（98）.... 162
かわのきしの（99）............................ 163
ちんちろりん（100）.......................... 163
つぶさんつぶさん（101）.................... 164
おつきさんなしゃほしゃ（102）........... 165
りょうしさん（103）.......................... 166
ひとまねこまね（104）...................... 166
じゅうごやのおつきさんな（105）....... 167
かごめかごめ（106）.......................... 168
かくれかご（107）............................ 168

● 複数の役交代あそび

おにやめずるいや（108）.................... 169
とんびとんび（109）.......................... 170
たけのこめだした（110）.................... 171
ぼうさんぼうさん（111）.................... 172

271

隊列あそび

いっぴきちゅう（112）.............................. 173
でんでんむし（113）.............................. 173
かりかりわたれ（114）.......................... 174
いもむしごろごろ（115）...................... 175
ひらいたひらいた（116）...................... 175
からすからすどこさいぐ（117）.......... 176
はないちもんめ（118）.......................... 177
ねこかおう（119）.................................. 178
おひなさまかいましょ（120）.............. 179
こんにちは（121）.................................. 180
からすかずのこ（122）.......................... 181
ほおずきばあさん（123）...................... 182

門くぐり

どんどんばし（こんこが）（124）.......... 184
こんこんちきちき（125）...................... 185
にじのはし（126）.................................. 185
ひやふやの（127）.................................. 186
まめっちょ（128）.................................. 187
さあまきくば（129）.............................. 188
いっせんどうかは（130）...................... 188
いどのかわせの（131）.......................... 189
いちわのからすが（132）...................... 190

鬼ごっこ

おくやまのおくの（133）...................... 193
ねこがごふくやに（134）...................... 194
やまのやまの（135）.............................. 195
はやおきゃよっといで（136）.............. 196
ねこねずみ（137）.................................. 197
ねずみねずみようかくり（138）.......... 197
あぶくたった（139）.............................. 198
ことしのぼたんは（140）...................... 199
よくかくれろ（141）.............................. 200
つきかくもか（142）.............................. 201
あめかあられか（143）.......................... 201
ことろことろ（144）.............................. 202
いもむしこむし（145）.......................... 202
おととんぼ（146）.................................. 203

体全体を使うあそび

なべなべそこぬけ（147）...................... 204
どうどうくんど（148）.......................... 205
おらうちのどてかぼちゃ（149）.......... 206

たけのこいっぽん（150）...................... 206
いしよりまめより（151）...................... 207
おさるのこしかけ（152）...................... 207
すけこん（153）...................................... 208

指先あわせ

ふゆべま（154）...................................... 209
たたみさしばり（155）.......................... 209
いちにさん（156）.................................. 210

指かくし

どのゆびかくした（157）...................... 211

いたちごっこ

いたちごっこ（158）.............................. 212
ちりんぽりん（159）.............................. 212
いちばちとまった（160）...................... 213

手あわせ

おてらのおしょうさんが（161）.......... 215
むかえのおさんどん（162）.................. 216
やなぎのしたには（163）...................... 216
うちのちょんなべさんは（164）.......... 217
たんじたんじ（165）.............................. 218
しょうがつみっかの（166）.................. 219
さんといちに（167）.............................. 220

じゃんけん

じゃんけんぽっくりげた（168）.......... 221
かぼちゃがめをだして（169）.............. 221
いもにめがでて（170）.......................... 222
ちょっとぱらさん（171）...................... 222
おちゃらか（172）.................................. 223
じゃんけんぽいぽい（173）.................. 224

表情あそび

だるまさん（にらめっこしましょ）（174）... 225
えびすさんとだいこくさんと（175）.... 226
らかんさん（176）.................................. 227

銭まわし

どんぐりころちゃん（177）.................. 229
おてぶしてぶし（178）.......................... 230
おしょうがつどこまできた（179）........ 231

● 風船つき

ほおずきは（180） 232
ひとめふため（181） 232

● お手玉うた

にわとりいちわ（182） 233
こめこめこめやの（183） 234
いちもんめのいすけさん（184） 235
おさらい（185） 236

● ハンカチ落とし

いのこのぼたもち（186） 238
たなばたたたなばたさん（187） 239

● 靴かくし

ひがついた（188） 240
くつかくしちゅうれんぼ（189） 241

● まりつきうた

いもにんじん（190） 242
あのねおしょうさんがね（191） 243
わたしょわたしょ（192） 244

● 縄跳びうた

おおなみこなみで（193） 245
ゆうびんやさん（194） 245

● 羽根つきうた

しょうがつさまがござった（195） 246

● 自然・生きもののうた

てるてるぼうず（196） 247
ゆうやけこやけ（197） 247
あみまよ（198） 248
まぎあみやてぃん（199） 248
ののさんいくつ（200） 249
うえみれば（201） 249
じいじいの（202） 249
ゆきやこんこ（203） 250
かだゆぎかんこ（204） 250
なみなみわんわちゃくり（205） 251
うちのせんだんのき（206） 251
はるくれば（207） 252

すんかいの（208） 253
ひとつひよどり（209） 254

● ことばを楽しむうた

かんだかじちょうの（210） 255
わっしのうちの（211） 255
うのじうっさいこく（212） 256
でんでらるりゃ（213） 256
ひとのかげに（214） 257
いにしえむかしの（215） 257
ひとつふたつのばあさんが（216） 258
ばかかばまぬけ（217） 258
ひふみよ（あすはぎおんの）（218） 259
ねこのよめいり（219） 260
ひとやまこえて（220） 261
わらちこどんども（221） 262
ろくじぞう（222） 263
いちにたわらふんまえて（223） 264
とっくいぐゎよ（224） 264

● こもりうた

ころころころころ（225） 265
ねんねんねこのけつ（226） 265
ねんねねむのき（227） 266
ねんねんねやまの（228） 266
ねんねしなされ（229） 266
ねんねんころりよ（230） 267
ぼうやはよいこだ（231） 267
ねんねころいち（232） 268
ねんねこねんねこや（233） 268
こたにのこもりうた（234） 269

50音順　わらべうた一覧

… あ …

あいにさらさら（52） ……… 136
あしあしあひる（42） ……… 129
あずきちょまめちょ（63） ……… 141
あのねおしょうさんがね（191） ……… 243
あぶくたった（139） ……… 198
あみまよ（198） ……… 248
あめかあられか（143） ……… 201
あんよはじょうず（32） ……… 123
いしのなかのかじやさん（67） ……… 143
いしよりまめより（151） ……… 207
いたいのいたいの（51） ……… 136
いたちごっこ（158） ……… 212
いちごにんじん（83） ……… 152
いちにさん（156） ……… 210
いちにたわらふんまえて（223） ……… 264
いちばちとまった（160） ……… 213
いちめどにめど（47） ……… 133
いちもんめのいすけさん（184） ……… 235
いちりにり（46） ……… 132
いちわのからすが（132） ……… 190
いっしょうまにしょうま（39） ……… 127
いっせんどうかは（130） ……… 188
いっちくたっちくたいものこ（57） ……… 139
いっぴきちゅう（112） ……… 173
いどのかわせの（131） ……… 189
いにしえむかしの（215） ……… 257
いのこのぼたもち（186） ……… 238
いもにめがでて（170） ……… 222
いもにんじん（190） ……… 242
いものにたの（82） ……… 152
いもむしこむし（145） ……… 202
いもむしごろごろ（115） ……… 175
うえからしたから（61） ……… 141
うえみれば（201） ……… 249
うちのせんだんのき（206） ……… 251
うちのちょんなべさんは（164） ……… 217
うのじうっさいこく（212） ……… 256
うまはとしとし（28） ……… 120
えっちゃらこ（26） ……… 118
えびすさんとだいこくさんと（175） ……… 226
えんどうまめ（56） ……… 138

… か …

かくれかご（107） ……… 168
かげんぼうし（90） ……… 156
かごかごじゅうろくもん（41） ……… 128
かごめかごめ（106） ……… 168
かぜふくな（60） ……… 140
かだゆぎかんこ（204） ……… 250
かってこかってこ（43） ……… 130
かなへびこ（53） ……… 137
かぼちゃがめをだして（169） ……… 221
からすかずのこ（122） ……… 181
からすからすどこさいぐ（117） ……… 176
かりかりわたれ（114） ……… 174
かれっこやいて（11） ……… 109
かわのきしの（99） ……… 163
かんだかじちょうの（210） ……… 255
きっこーまいこー（24） ……… 116

おおなみこなみで（193） ……… 245
おおやぶこえて（4） ……… 105
おくやまのおくの（133） ……… 193
おさらい（185） ……… 236
おさらにたまごに（58） ……… 139
おさるのこしかけ（152） ……… 207
おじいさんおばあさん（94） ……… 159
おしょうがつどこまできた（179） ……… 231
おせんべ（64） ……… 142
おちゃらか（172） ……… 223
おちゃをのみに（96） ……… 160
おちょぼちょぼちょぼ（88） ……… 155
おつきさんこんばんは（97） ……… 161
おつきさんなしゃほしゃ（102） ……… 165
おつむてんてん（7） ……… 107
おてぶしてぶし（178） ……… 230
おてらのおしょうさんが（161） ……… 215
おとげしゃくしゃく（3） ……… 105
おととんぼ（146） ……… 203
おにやめずるいや（108） ……… 169
おひなさまかいましょ（120） ……… 179
おふねがぎっちらこ（25） ……… 117
おやゆびねむれ（17） ……… 113
おらうちのどてかぼちゃ（149） ……… 206

ぎっこんばっこんもものき（38）.......... 127
きゃあろのめだまに（79）................. 150
きりすちょん（70）......................... 145
くつかくしちゅうれんぼ（189）.......... 241
くまさんくまさん（80）................... 150
くものおばさん（62）...................... 141
けむりけむり（77）......................... 149
ごいごいごいよ（34）...................... 124
ここはてっくび（12）...................... 110
ここはとうちゃんにんどころ（2）...... 104
こぞうねろ（16）........................... 112
こたにのこもりうた（234）.............. 269
こっちのたんぼ（20）...................... 114
ことしのぼたんは（140）................. 199
こどものけんかに（15）................... 111
ことろことろ（144）....................... 202
こめこめこっちへこう（76）............. 148
こめこめこめやの（183）................. 234
こりゃどこのじぞうさん（40）.......... 128
ころころころころ（225）................. 265
こんこんちきちき（125）................. 185
こんにちは（121）.......................... 180

… さ …
さあまきくば（129）....................... 188
さんといちに（167）....................... 220
じいじいの（202）.......................... 249
しおせんべ（65）........................... 142
しおやかぎや（36）......................... 125
じごくごくらく（37）...................... 126
じっぽはっぽ（33）......................... 123
しみたかほい（72）......................... 146
じゃんけんぽいぽい（173）.............. 224
じゃんけんぽっくりげた（168）.......... 221
しゃんしゃんしゃん（49）................. 134
じゅうごやのおつきさんな（105）...... 167
しょうがつさまがござった（195）...... 246
しょうがつみっかの（166）.............. 219
じょうりきじょうりき（87）............. 154
じょうりげんじょ（29）................... 121
ずいずいずっころばし（91）............. 157
ずくぼんじょ（92）......................... 158
すけこん（153）............................. 208
すずめちゅうちく（69）................... 145
すってんてれつく（50）................... 135
すんかいの（208）.......................... 253
ぜんまいわらび（93）...................... 159

… た …
たけのこいっぽん（150）................. 206
たけのこめだした（110）................. 171
たこたこあがれ（75）...................... 148
たたみさしばり（155）.................... 209
たなばたたなばたさん（187）.......... 239
だるまさん（ころころ）（48）.......... 134
だるまさん（にらめっこしましょ）（174）... 225
だんごだんご（8）.......................... 108
たんじたんじ（165）....................... 218
たんぽぽたんぽぽ（68）................... 144
ちっちここへ（14）......................... 111
ちょうちょかんこ（78）................... 149
ちょちちょちあわわ（19）................. 114
ちょっとぱらさん（171）................. 222
ちりんぽりん（159）....................... 212
ちんちろりん（100）....................... 163
ちんぷんかんぷん（84）................... 153
つきかくもか（142）....................... 201
つぶさんつぶさん（101）................. 164
つぶやつぶや（55）......................... 138
てざらこざら（85）......................... 153
てってのねずみ（22）...................... 115
てるてるぼうず（196）.................... 247
てれれっぽ（89）........................... 156
でんでらるりゃ（213）.................... 256
でんでんまわり（45）...................... 131
でんでんむし（113）....................... 173
どうどうくんど（148）.................... 205
どうどうめぐり（44）...................... 131
とっくいぐゎよ（224）.................... 264
どっちんかっちん（66）................... 143
どどっこやがいん（10）................... 109
どのこがよいこ（81）...................... 151
どのゆびかくした（157）................. 211
どんぐりころちゃん（177）.............. 229
どんどんばし（きつねが）（71）........ 146
どんどんばし（こんこが）（124）...... 184
とんびとんび（109）....................... 170
どんぶかっか（30）......................... 121

… な …
なべなべそこぬけ（147）................. 204
なみなみわんわちゃくり（205）........ 251
にぎりぱっちり（59）...................... 140
にじのはし（126）.......................... 185
にほんばしこちょこちょ（13）.......... 110

275

にゅうめんそうめん（23）.......................115
にわとりいちわ（182）.......................233
にんぎにんぎ（9）.......................108
ねこかおう（119）.......................178
ねこがごふくやに（134）.......................194
ねこねずみ（137）.......................197
ねこのよめいり（219）.......................260
ねずみねずみ（21）.......................114
ねずみねずみようかくり（138）...........197
ねんねこねんねこや（233）.......................268
ねんねころいち（232）.......................268
ねんねしなされ（229）.......................266
ねんねねむのき（227）.......................266
ねんねんころりよ（230）.......................267
ねんねんねこのけつ（226）.......................265
ねんねんねやまの（228）.......................266
ののさんいくつ（200）.......................249

… は …
ばかかばまぬけ（217）.......................258
はないちもんめ（118）.......................177
はなちゃんりんごを（1）.......................104
はやおきゃよっといで（136）...............196
はるくれば（207）.......................252
ひがついた（188）.......................240
ひとつひよどり（209）.......................254
ひとつふたつのばあさんが（216）.......258
ひとのかげに（214）.......................257
ひとまねこまね（104）.......................166
ひとめふため（181）.......................232
ひとやまこえて（220）.......................261
ひにふにだ（27）.......................119
ひふみよ（あすはぎおんの）（218）......259
ひふみよ（いっかんおわった）（98）....162
ひやふやの（127）.......................186
ひらいたひらいた（116）.......................175
ふくすけさん（18）.......................113
ふゆべま（154）.......................209
へびいたがさがさ（54）.......................137
ぼうさんぼうさん（111）.......................172
ぼうずぼうず（6）.......................107
ぼうやはよいこだ（231）.......................267
ほおずきは（180）.......................232
ほおずきばあさん（123）.......................182
ほたるこい（95）.......................160

… ま …
まぎあみやてぃん（199）.......................248
まめっちょ（128）.......................187
○○ちゃんというひとが（5）.......................106
○○ちゃんと○○ちゃんと（31）...........122
むかえのおさんどん（162）.......................216
めんめんたまぐら（74）.......................148
もぐらどんの（73）.......................147

… や …
やなぎのしたには（163）.......................216
やまのやまの（135）.......................195
ゆうびんやさん（194）.......................245
ゆうやけこやけ（197）.......................247
ゆきやこんこ（203）.......................250
ゆすってゆすって（35）.......................125
よくかくれろ（141）.......................200

… ら …
らかんさん（176）.......................227
りょうしさん（103）.......................166
ろくじぞう（222）.......................263
ろんろばっちゃろ（86）.......................154

… わ …
わたしょわたしょ（192）.......................244
わっしのうちの（211）.......................255
わらちこどんども（221）.......................262

季節・行事別　わらべうたの例

● 季節

＊新春
ひふみよ（あすはぎおんの）（218）...... 259
ひふみよ（いっかんおわった）（98）.... 162
しょうがつさまがござった（195）....... 246
しょうがつみっかの（166）.................... 219
すってんてれつく（50）......................... 135
たこたこあがれ（75）............................. 148
もぐらどんの（73）................................. 147
かだゆぎかんこ（204）.......................... 250
しみたかほい（72）................................. 146
つぶさんつぶさん（101）...................... 164

＊春
たんぽぽたんぽぽ（68）......................... 144
ずくぼんじょ（92）................................. 158
ちょうちょかんこ（78）......................... 149
おひなさまかいましょ（120）.............. 179
たけのこめだした（110）...................... 171
たけのこいっぽん（150）...................... 206
わらちこどんども（221）...................... 262
ぜんまいわらび（93）............................. 159

＊梅雨
あみまよ（198）....................................... 248
まぎあみやてぃん（199）...................... 248
てるてるぼうず（196）.......................... 247
でんでんむし（113）............................. 173

＊夏
ほおずきばあさん（123）...................... 182
ほおずきは（180）................................... 232
ほたるこい（95）..................................... 160
たんじたんじ（165）............................. 218
たなばたたなばたさん（187）.............. 239
かぼちゃがめをだして（169）.............. 221
おらうちのどてかぼちゃ（149）.......... 206
こんこんちきちき（125）...................... 185
なみなみわんわちゃくり（205）.......... 251
うちのせんだんのき（206）.................. 251

＊秋
きりすちょん（70）................................. 145
おつきさんこんばんは（97）................ 161
おつきさんなしゃほしゃ（102）........... 165
じゅうごやのおつきさんな（105）....... 167
ちんちろりん（100）............................. 163
どんぐりころちゃん（177）.................. 229
いのこのぼたもち（186）...................... 238
ねんねんころりよ（230）...................... 267
かりかりわたれ（114）.......................... 174

＊冬
うえみれば（201）................................... 249
じいじいの（202）................................... 249
ゆきやこんこ（203）............................. 250
おしょうがつどこまできた（179）....... 231

＊天気・天候
かぜふくな（60）..................................... 140
うえからしたから（61）......................... 141
くものおばさん（62）............................. 141
にじのはし（126）................................... 185
ゆうやけこやけ（197）.......................... 247
あみまよ（198）....................................... 248
まぎあみやてぃん（199）...................... 248
うえみれば（201）................................... 249
じいじいの（202）................................... 249
ゆきやこんこ（203）............................. 250
かだゆぎかんこ（204）.......................... 250

● 行事に関係するうた

＊正月
おしょうがつどこまできた（179）....... 231
しょうがつさまがござった（195）....... 246
しょうがつみっかの（166）.................... 219

＊小正月
もぐらどんの（73）................................. 147

＊初午
すってんてれつく（50）......................... 135

277

＊ひな祭り
おひなさまかいましょ（120）................ 179

＊十五夜
じゅうごやのおつきさんな（105）........ 167

＊お彼岸
つぶさんつぶさん（101）..................... 164

＊亥の子
いのこのぼたもち（186）......................... 238

＊七夕
たんじたんじ（165）............................. 218
たなばたたなばたさん（187）................ 239

参考文献

『わらべうたと子ども』木村はるみ・蔵田友子著　古今社　2001 年
『うたおう あそぼう わらべうた』木村はるみ・蔵田友子著　雲母書房　2009 年
『日本わらべ歌全集』（全 27 巻）柳原書店　1979 ～ 1992 年
『わらべうた　子どもの遊びと文化』相馬大著　創元社　1976 年
『わらべ唄歳時記』武田正著　岩崎美術社　1969 年
『わらべうた　その伝承と創造』岩井正浩著　音楽之友社　1987 年
『東京のわらべうた』太田信一郎著　東京新聞出版局　1983 年
『武蔵野のわらべ唄と方言』原田重久著　武蔵野郷土史刊行会　1977 年
『江戸の子供遊び事典』中田幸平著　八坂書房　2009 年
『日本のわらべうた』（戸外遊戯歌編／室内遊戯歌編／歳事・季節歌編）尾原昭夫著　文元社　2009 年
『新講わらべ唄風土記』浅野建二著　柳原書店　1988 年
『わらべうた　日本の伝承童謡』町田嘉章・浅野建二編　岩波書店　1962 年
『子どもの遊びとうた　わらべうたは生きている』小泉文夫著　草思社　1986 年
『日本音楽の再発見』小泉文夫・團伊玖磨著　平凡社　2001 年
『私の日本音楽史　異文化との出会い』團伊玖磨著　日本放送出版協会　1999 年
『童謡の百年　なぜ「心のふるさと」になったのか』井手口彰典著　筑摩書房　2018 年
『日本の童謡　誕生から九〇年の歩み』畑中圭一著　平凡社　2007 年
『唱歌の社会史　なつかしさとあやうさと』伊藤公雄・河津聖恵・中西光雄・永澄憲史・山室信一・佐久間順平・中
　　西圭三・野田淳子著　メディアイランド　2018 年
『声のしくみ　「人を惹きつける声」のメカニズム』福島英著　ヤマハミュージックメディア　2011 年
『声の呼吸法　美しい響きをつくる』米山文明著　平凡社　2003 年
『声と日本人』米山文明著　平凡社　1998 年
『歌をなくした日本人』小島美子著　音楽之友社　1981 年
『驚異の小器官耳の科学　聞こえる仕組みから、めまい、耳掃除まで』杉浦彩子著　講談社　2014 年
『よ～くわかる最新からだのしくみとふしぎ　人体の基本とメカニズムを図解する！』鈴木泰子著　秀和システム
　　2015 年
『赤ちゃん　成長の不思議な道のり』安川美杉著　日本放送出版協会　2007 年
『コダーイ・システムとは何か　ハンガリー音楽教育の理論と実践』フォライ・カタリン・セーニ・エルジェーベト
　　著／羽仁協子・谷本一之・中川弘一郎訳　全音楽譜出版社　1974 年
『だれも知らなかった楽典のはなし』東川清一著　音楽之友社　1994 年
『楽典　理論と実習』石桁真礼生・末吉保雄・丸田昭三・飯田隆・金光威和雄・飯沼信義著　音楽之友社　1965 年
『日本の音階を探る』東川清一著　音楽之友社　1990 年

● あとがき

　本書では、今までわらべうたに関わってきた中から、伝えたいことのいくつかをまとめました。子どもとふれあう機会を持たれる方々に役立てていただければ幸いです。

　尚、今回この本をまとめるに当たり、「7 わらべうたの楽譜を読むための基礎知識」は、一緒にわらべうたの仕事を行っている友人、蔵田友子さんに加わってご協力いただきました。

　また、度重なる注文にも快くカットを書き直してくださった山口容子さん、より分かりやすくまとめるために的確なご助言をいただいた株式会社エイデル研究所の長谷吉洋氏、こまごまとした資料の確認作業を精力的に行ってくれたスタッフの小野千草に、心からの感謝を述べたく存じます。そして、今までわらべうたを行う多くの機会を与えてくれた子どもたち、保育園の皆さまに感謝いたします。

2019 年　春　木村 はるみ

著者プロフィール

木村はるみ

「教育研究所 ゆずりは」代表

染織デザイン、電子オルガン講師を経て、コダーイ芸術教育研究所入所。ハンガリーの人形劇作家バログ・ベアトリクス氏に師事。1995年4月～1999年6月までコダーイ芸術教育研究所代表を務め、教育研究所ゆずりはとして独立。1994年から2014年まで、大学や専門学校などで非常勤講師を務めた。保育士研修、講演や保育現場での指導を行う。著書として『乳幼児のことばを育てる』（雲母書房）、『わらべうたと子ども』（古今社）、『うたおう あそぼう わらべうた』（雲母書房）、『すぐ覚えられる わらべうたあそび』（成美堂出版）など。

『わらべうたと子どもの育ち』

2019年4月25日　第1版　第1刷発行
2019年8月25日　第1版　第2刷発行

著　者　木村 はるみ
発行者　大塚 孝喜
発行所　エイデル研究所
　　　　102-0073　東京都千代田区九段北 4-1-9
　　　　TEL 03-3234-4641 FAX 03-3234-4644
印刷・製本　中央精版印刷株式会社
装幀　　野田 和浩
イラスト　山口 容子
制作　　兒島 博文、山添 路子
編集　　長谷 吉洋
ISBN　　978-4-87168-633-4